JN011521

Life is an Investment

人生は投資である

起業家・経営者
そして資本主義社会を生きる
すべての人々へ

福井尚和 著
Yoshitaka Fukui

ダイヤモンド社

人生は投資である　目次

「資本主義社会」に生き、そこで起業、経営、そして「人生を構築している」という真実

「人生は投資である」と聞くと、「株式投資」「FX」「仮想通貨（暗号資産）」などの投資話をイメージされることがあるかもしれません。

あるいは、「簡単にお金を儲ける方法を教えます！」といった、「楽してお金を手に入れる方法」や「濡れ手で粟的な怪しい投資手法」などの話かと、ネガティブな印象をお持ちになられる方もいらっしゃるかもしれません。

しかし、私の申し上げる「人生は投資である」の意味は、それら怪しい投資話や怪しい金儲けの話などでは一切ありません。

本書を通じて私が明らかにしたいのは、現在の日本という国に住み、そこで生活をしている私たちがどんな世界に生きているのか、その「事実」についてです。

私たちは誰もが皆、この日本が採用する、「資本主義」という思想が具現化された経済社会システムの上に住み、一生を過ごし、人生を構築しています。そして、そこで生きる私たちにとって、資本主義は、そのシステムが持つ制度の設計上、**「人生は投資」**という構造（メカニズム）になっており、それは紛れもない**事実**である、ということです。

そして、この「人生は投資」という事実の意味するところは、投資とは投資家だけが行っているものではなく、また、起業家、経営者、事業家という事業投資をされて

いる方だけに限った話でもなく、サラリーマンの方も、家庭を守りながらパートをされているパートタイマーの主婦の方も、これから社会に出ようと準備をされている学生の方も、日本に住むすべての人々が、望むと望まざるとにかかわらず全員「投資」を行っている、つまり**誰もが投資家である**という事実の上に私たちは生きているのだと申しているのです。

ルールもゴールも見えないまま

　それでは、この望むと望まざるとにかかわらず日本に住むすべての人が行っている「投資」とはいったい何なのでしょうか？　実は、投資には、「株式投資」「FX」「仮想通貨（暗号資産）」などの金融投資と、人が働くことで給与（収入）を得るという人的投資の2つの投資があります。資本主義社会における投資には、この「金融投資」と「人的投資」の2種類の投資が存在します。そして、さらに、この2種類が合成された**人的投資と金融投資の合成投資**」という、いわゆる「経営」がさらに加わります。起業家、経営者といわれている方は、起業・創業・開業から始まって日常的にこの「人的投資と金融投資の合成投資」を行っており、資本主義社会にはこの金融投資と人的投資、そして人的投資と金融投資の合成投資の

2種3経路の「投資」が存在しているのですが、ほとんどの方が、その存在の事実すら知らずに、一切教わることもなく、そして、それらが持つルールもゴールも見えないまま、自覚もなく「投資」を行っている、ということが、今の日本には起こっているのです。

これは、たとえて言えば、「サッカーをやっている」という自覚がないまま、サッカーのルールも知らずに、サッカー場でサッカーの試合をさせられているという状況に等しく、自覚を持ち、ルールを熟知し、スキルを持つ相手と戦って試合に勝てる見込みがないことと同じことが、実は多くの人々の人生や経営に起こっているのです。

この社会で幸せに生きるための基礎リテラシー

私は、ただの金儲けの話や怪しい投資話ではなく、自分の人生を誠実に、真面目に、真剣に、そして大切に生きていて、それと同じように、自らの愛する人や大切な仲間と共に「事業を成立させること」「社会に貢献すること」「企業を発展繁栄させること」を望んでおられる多くの方々に、「**私たちは資本主義という経済社会システムの上に立って人生を生きている**」という事実をぜひ認識していただきたい。

そして、現在のこの日本という資本主義を採用する国

に住む一人の人間として、「**自分と自分の大切な人の人生を大切にして幸せに生きる**」ということを経済的にも成立させ、実現していただくために、誰もが持たなくてはならない、必須の基礎リテラシーとして「人生は投資である」という構造（メカニズム）をご理解いただき、自らの人生と経営で実践していただくこと。

　それが本書を上梓しました私の願うところです。

第 **1** 章

人生は「投資」という
構造になっている

資本主義のルールとゴール

私たちが住んでいたのは
「日本」ではなくて
「資本主義社会」だった

　私たちは、21世紀の「日本」という国に住み、この社会で共に生きる一員として自分とは何者かと問うたとき、「○○という会社で××の仕事に就いています」「△△社という会社を経営しています」「□□業を通じて社会に

図1　私たちが住んでいるところ
実は「日本」ではなくて「資本主義社会」だった。

貢献しています」などなど、自分の職業や職種、自分の行っているビジネスといった「自分のしていること」を通じて、「私は……」と自分を称し、自己紹介をします。

　しかし、実は私たちは、その自覚している自称や自己紹介などのさらに深いレイヤー（階層・土台）に、「資本主義という経済社会システムの上に住んでいる」という「事実」を持っています。無自覚で、教わったことも考えたこともなかったかもしれませんが、それは厳然たる事実であって、その上に初めて「私は……」という自分は存在しています。

私たちは全員「投資家」である

　資本主義社会に住んでいる私たち。この資本主義社会には、自分が望むと望まない、好むと好まないにかかわらず、実は「**ルール**」があり、そこで生きていく、生活をしていくに際しては、そのルールに則った「糧を得る方法」が明確に存在しています。

　次頁の**図2**をご覧ください。

　私たちが生活をし、生きていくに際して必要な糧を得る方法は、**図2**の左側に示された、

　①「**人的資本を労働市場に投じる**」という方法

　と、**図2**の右側に示された、

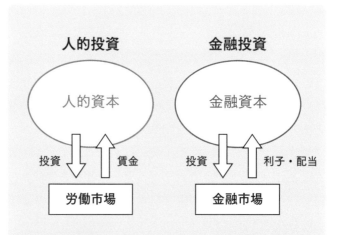

図2　2つの投資

人的資本を労働市場に投じる「人的投資」(左)と金融資本を金融市場に投じる「金融投資」(右)。資本主義社会で「富(≒糧)」を獲得する方法は2つしかない。

　②「**金融資本**を金融市場に投じる」という方法

の、2つの方法しか実は用意されていないのです。

　これを、平たい言葉に言い換えて説明すると、左側の人的資本とは、「あなた自身」のことを言い、労働市場とは「企業に勤める」「職を得る」などの場を指し、「人的資本を労働市場に投じる」とは、すなわち「働く」ことを指しています。

　つまり、私たちは、自分が自覚している、自覚していないにかかわらず、実は、日々働く中で、「**自分という人**

的資本を労働市場に投資している」という「投資家」になっているのです。

　そして、その「人的資本を投じて得たお金（給与）」を「所得」と呼び、そこから生活などで使用したお金（費用）を差し引いて残ったお金のことを、一般的には「貯蓄（預金）」と呼びます。正確にはこれを「金融資本」と呼び、その金融資本を金融市場に投じるのが**図2**の右側の「金融投資」になります。多くの場合、これを「投資」と呼んでいますが、正確にはそれは**金融投資**という行為になります。

　このことからおわかりのように、株式投資、FX投資、不動産投資信託（リート）投資、仮想通貨（暗号資産）投資などは、正しくは金融投資と呼ばれるものであり、それら一切の金融投資をしていない人であっても、資本主義社会に住む人は、誰もが「働く」ことを通じてもう一つの投資である「人的（資本の）投資」をしていることから、**日本という資本主義社会で暮らす私たち全員が「投資家」となっているという構造**の上に立ち、生きているのです。

資本主義社会で就職・起業・経営する、そして人生を構築するとは？

　図3は人がその人生においてどのような「投資」をしていくかを示したものです。

　図の中央に左から右に向かっている矢印がありますが、これは「人生の時間の流れ」を表しています。

　近年では、二十歳前後の方でも「学生で起業家しています！」や「学生で個人投資家です！」など、様々な働き方や活躍のされ方がありますので一概には言い切れませんが、人生という時間の流れの中で、一人の人間が行う「投資」がどのように変化していくかを理解する一つ

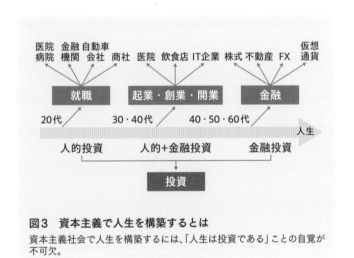

図3　資本主義で人生を構築するとは
資本主義社会で人生を構築するには、「人生は投資である」ことの自覚が不可欠。

のモデルとして、**図3**をご覧いただければと思います。

　この矢印の左端に記されている20代というところを見ていただくとおわかりのように、多くの人は二十歳前後になると「社会人になる」という社会に出る時期を迎え、その際、多くは「就職」ということを選択して社会人となり、自覚無自覚は別として、ここから資本主義社会における「**自分の人生を構築する**」ということが始まります。

　そして、ここで選ぶ「就職」とは、病院で医師になる、看護師になる、銀行や証券会社などの金融機関に勤める、はたまた、自動車会社に勤める、商社に勤める、などなど様々な業種や企業がありますが、実は、資本主義社会におけるこの「就職」という行為は、どんな企業を選ぼうが、どんな職業を選ぼうが「**人的資本投資を始める**」という一つの言葉に集約されます。

　次に、30代、40代のところをご覧いただくとおわかりのように、社会人としての社会経験をある程度積まれると、それまでしてきた経験や分野の知見を活かして、「起業・創業・開業」という、いわゆる「経営」ということを始める方々が出てきます。

　この「起業・創業・開業」も、その業種は、病院や歯科医院などの開業に始まり、飲食店の開業、IT企業の起業など、様々な業種業態があるかと思われますが、実は、それら起業・創業・開業という行為も、「**人的資本と金**

融資本の合成投資を行う」という一つの言葉に集約され
ます。

　ちなみに、この「人的資本投資と金融資本の合成投資」
であるところの起業・創業・開業が「リスクが高い。さ
れど、リターンも大きい」といわれるのは、それまでの「就
職」による勤め人であったなら、「人的資本投資」に関し
ての条件とリターンは、一般的には「週休２日。１日８
時間労働。給与は保証」と安定して定められていましたが、
「起業・創業・開業」となると、「成果が出るまで365日、
朝から晩まで土日も祝祭日も返上して奔走」という、「無
制限の人的資本投資」が求められます。しかも、起業・
創業・開業に際しての資金を、自らの金融資産である預
金を取りくずすことだけではなく、金融機関に始まり、
中には親、兄妹、親戚や友人や先輩などに借りる（借入）
という借金（金融資本の調達）までを行うわけで、これ
は「**人的資本＋金融資本（預金の取りくずし＋借金）の
"フルベット"**」であり、「リスクが高い」といわれるゆ
えんはそこにあります。

　「起業・創業・開業」とは、このような大きなリスクを取っ
て行われるわけですから、成果が出たときのリターンも
当然に大きくなるわけです。

　また、最近よく耳にする「事業承継」により事業を受
け継いだという方（２代目、３代目）も、起業・創業・

開業をされている方と同じくこの「人的資本＋金融資本（預金の取りくずし＋借金）の"フルベット"」をしており、創業者であっても、2代目・3代目であっても、起業家であっても、スタートアップであっても、会社のオーナーとして経営に携わる「オーナー経営者」はすべてこの「人的資本＋金融資本（預金の取りくずし＋借金）の"フルベット"」をしている方に該当します。

　そして、近頃は10代の学生でも金融投資をされているので、必ずではありませんが、**図3**の40代、50代のところにあるように、中高年になると老後に備えて、金融資産への投資ということを（投資対象が株式やFXであるなど、その対象は別として）行うようになりますが、これらはすべて「**金融投資**」という一つの言葉に集約されます。

　このように、人生の時間の流れを年代別でご覧いただきましたが、資本主義社会で「人生を構築する」といった場合、実はそれは、

①人的（資本）投資
②金融（資本）投資
③人的投資と金融投資の合成投資

という**2種3経路**の「**投資**」によって行われており、

それをもって私たちは人生を構築しているのです。

　これが、資本主義社会で生きていく、糧を得て生活をしていくに際してのルールであり、「事実」です。

資本主義の真の姿

　ここまでで、資本主義の上に成り立つ日本に住む私たちは、自覚／無自覚、望む／望まないにかかわらず、全員が「投資家」であり、「人生は投資」という構造（メカニズム）になっていること、そして、その資本主義の上で人生を構築するとは、「自らが投資家として投資を行っている」という理解と自覚が不可欠であることが、おわかりいただけたかと思います。

　また、その投資を行うに際しては、その方法として「人的投資」「金融投資」「人的投資と金融投資の合成投資」の２種３経路の種類と経路があることを明確に理解し、自覚することが大切であることもご理解いただけたかと思います。

　それを踏まえ、ここでは、さらに先の学びに進む意欲をお持ちの方に、以下に「資本主義」の真の姿とそこに住む私たちの「ゴール」についてお伝えしたいと思います。

　実は、資本主義には「人生は投資」である、そして、全員が「投資家」であるという事実とルールに加えて、

「ゴール」があります。そして、そのゴールを理解するためには、まず、資本主義自体が持つ「構造」であり「運動」であり「自己目的」と呼んでもいい、資本主義のメカニズム、つまり、**資本主義の「真の姿」**を知る必要があります。

　資本主義の上に住む私たちは、その真の姿である資本主義の構造、運動、自己目的を知り、それに則り、かつ活かして、資本主義社会を生き抜かねばなりません。そして、その資本主義の真の姿とは何かを、突き詰めて言えば、

　　資本を資産に投じ（投資し）、その資産から益（糧・富）を得る。この「資本を資産に投じて資産から益を得る良循環」を生み出し、その良循環を拡大再生産し続ける

ということになります。これが資本主義の構造であり、運動であり、自己目的であり、資本主義そのものであり、資本主義の真の姿です。

　資本主義とは、「資産から益を得る良循環を生み出し、拡大再生産し続ける」ことを自らの構造に持つ、一つの運動体であり思想です。そして、この思想を具現化する運動を自己目的とする資本主義は、資産から益を得る良循環とその拡大再生産を際限なく繰り返し、行きつくと

ころを知りません。これが、資本主義が、「資本主義の暴走」「とどまるところを知らない強欲な資本主義」などと揶揄される背景であり、資本主義の本質であり実態です。

　また、この「資産から益を得る良循環を生み出し、拡大再生産し続ける」資本主義に対して、その真の姿をどの程度理解しているか、自覚無自覚は別として、忠実に則り、経済的な成果を手にする人々を指して、「拝金主義者」「金の亡者」「守銭奴」などと、その姿を礼賛する裏側でそのように呼ばせている背景もここにあります。

ゴールを知らずに語られる「成功」という危うい物語

　皆様の周りには、「成功者」「富裕層」「お金持ち」「セレブ」「勝ち組」「資産家」などといわれている方々がいらっしゃるかと思いますが、それらの方々の中には、「資本主義のルール」を実践して「一定の年収（売上）を手に入れた」という段階の方と、このあと詳しく述べますが、「オーナー経営者としての最終的なゴールまで到達された」という方、あるいは、「ある程度まで到達した」もしくは「入口あたりに立った」という段階の方、さらには、「ただひたすらに資本主義が持つ際限のない拡大再生産に飲み込まれている」という方が混在しており、そして、そ

れらの見分けがつかないことから、多くの方が、「成功」「成功者」という言葉を前に、迷い、惑わされ、そしてまた意図せず人を惑わしてしまい、時に疲弊し、人生に迷い流浪されている姿を見かけることがよくあります。

　残念なことに、「成功者」「富裕層」「お金持ち」「セレブ」「勝ち組」「資産家」などといわれる方々の、「成功を得た」と語られる個人的な経験談や成功法則などの物語は、「後進や多くの人を励ましたい」「これからチャレンジする人たちに勇気や希望をもたらしたい」などの温かな想いや気持ちから語られているものも存在することからすべてを否定することはできませんが、往々にしてその業界だけに通じる方法論であったり、その時代だったからといった、普遍性が乏しく、一回性や属人的な枠組みの中だけで通用する成功法則であったりすることが極めて多いのです。特に、「年商〇〇億円稼いだ」や「××の儲けの秘訣教えます！」などのいわゆる「成功ノウハウ」といわれるものは、実のところ、現在のような**「激変が指数関数的に加速し続ける時代」**においては、かつては役に立ったノウハウなのかもしれませんが、書籍やセミナー、SNSで発信されるなど、**世に出回るようになった時点で、もはや陳腐化や老朽化など劣化**しています。

　起業家やオーナー経営者という、日々の経営実務や現場運営の成果を担われている皆様には、それら「成功ノ

ウハウ」といわれるものに触れるに際しては、自社の顧客サービスなどへの「方法の参考」あるいは「技術的サンプル」程度に位置づけられ、決して成功を約束してくれるものなどの過度な期待を持つことなく、あくまでも情報収集として受けとめることが肝要になります。

　また、それら以外にも、「成功を得た」と語られる個人的な経験談や成功法則などの物語の中には、苦労や困難を乗り越えてきた自らの苦労話や観念論に留まっているものも散見されるなど、それを発信する方個人の想いや意図により、「後進や多くの人を励ましたい」という温かな想いや気持ちから語られてはいるものの、時代に合わなくなり、価値が無いどころかかえって害になるものまでもが含まれ、見分けがつかなくなってしまっています。

　そして、それら「成功を得た」と語られる経験談や成功法則といわれるものや成功物語の最大の問題点は、そこで語られる「成功」なるものが「お金を儲けることができた」という経済上の成果だけを切り出したものとなっていることが大変多く、「成功を得た」といわれるその実際は「ただひたすらに資本主義に飲み込まれている」という姿に留まっていることにあります。

　皆様に、ぜひご理解いただき、そして実践していただきたいことは、普遍化できない「儲け話」や「稼ぐ」などのうまい話や目先の「儲け」や「稼ぎ」だけに目を向

けるのでもなく、また、コンテンツやビジネスモデルなどの「コト」だけに目を向けるのでもなく、ましてや「ノウハウ」などといわれる、今の時代、即座に陳腐化・老朽化し劣化してしまう小手先の方法などを求めるのではなく、資本主義を理解し、そして、そのルールとゴールを明確に理解することに、まずは自らが持つ「最大の資本」である「時間」を投じていただきたい。なぜなら、**自らがどこに向かって走っているのかも不明な状況**で、「まずは行動！」とばかりに、時間と自分という人的資本をいくら投じても、その行動は「やっている感」や「突き進んでいる感」などの一時の高揚感を得ることにはなるとしても、「成功」や「成功者」という謎の存在と自分自身とを比較することで生まれる無意識の不安を払拭するだけになり、最大の資本である時間を投じるにあたっては適切であるとは言い難い姿であるからです。つまり、皆様には、業種、業態、時代、個人の個性（属人性）といった一回性を超えた、資本主義における**普遍的な経済上の成果**の実現である、すなわち「**経済的成立**」の実現を確度高く、再現性高く手にする方法を得ることに、自らが持つ最大の資本である時間を投じ、まずはそれを自分のものとしていただきたいのです。

資本主義における唯一で最終的なゴール

　前述のように、資本主義は自己目的である、資産から益を得る良循環とその拡大再生産を際限なく繰り返し、行きつくところを知らないことから、時に暴走化してしまう性質を内包していますが、それが資本主義というものの本質であり実態です。その資本主義の本質と実態を理解しつつ、されど、その終わりのない拡大再生産の循環から脱却し、拝金主義に染まらずに、自らが日々積み上げている人生を、「金の亡者」「守銭奴」などといたずらに揶揄されることで終わらせることなく、際限なく行きつくところを知らない資本主義に飲み込まれることから歩みを一歩踏み出して知性と理性を持ったホモ・サピエンス（賢い人）として資本主義のルールに則り、資本主義を活かし、人生と経営を構築できるようにする。

　そのためには、繰り返しますが、資本主義の真の姿が、

　　資本を資産に投じ（投資し）、その資産から益（糧・富）を得る。この「資本を資産に投じて資産から益を得る良循環」を生み出し、その良循環を拡大再生産し続ける

ということであると知り、それに加えて、その良循環を一代限りのものではなく、家族・一族はもちろんのこと、一族以外の他者をも除外せずに、数世代にわたって"確

かなもの”として継いでいくことを可能とする、

　資産の承継を含めた「次世代への“確かな承継”」

を目指すことが、極めて重要になってきます。この資産の承継を含めた「次世代への“確かな承継”」については、第8章で詳述いたしますが、そこを目指すことは、資本主義の自己目的である「際限のない拡大再生産の循環」から、私たち自らを解放し、資本主義の上に立って、資本主義の構造（メカニズム）を知り、そのルールに則りながら、資本主義に飲み込まれず、ルールを活かして到達できる「資本主義における唯一で最終的なゴール」になります。

　これら資本主義の構造（メカニズム）とルールを知り、目指すべきゴールを明確に解ることは、皆様に、「゛ゴ゛ールから出発して、現在の自分と、そして、これから自分がどのような道を進めば良いのかを見ることができるようになる」という自覚と選択をもたらし、さらに、「自らの未来の構築を自覚的かつ確度高くすることができる」という恩恵をもたらします。

　また、先ほど示しました、多くの方が迷い、惑わされてしまう、世に「成功」「成功者」として語られる様々な姿や物語についても、「一定の年収（売上）を手に入れ

た！」という段階の方なのか、あるいは、「資本主義における唯一で最終的なゴール」の姿を「真に実現している」方なのか、「ある程度まで到達した」という方、もしくは「入口あたりに立った」方なのかなどについて、それらの違いが明確に見分けがつくことができるフレームワーク（ツール）があります。それを、私は、

「世界一わかりやすいBS/PL」

と呼んでいるのですが、これについては第7章で詳しくご説明したいと思います。

その前に、本書を手に取ってお読みになっている皆様の多くは、資本主義の真の姿を知り、そのルールに則りつつ、ルールを活かしながらも、資本主義に飲み込まれることなく、私が申し上げるところの「資本主義における唯一で最終的なゴール」である資産承継を含めた「次世代への"確かな承継"」までをも目指すことのできる起業家、オーナー経営者の皆様であると思われます。次の第2章からは、「起業・創業・開業」という「人的投資と金融投資の合成投資」の事実と実際について、「オーナー経営者」という仕事を通して明らかにしていきたいと思います。

第 **2** 章

「オーナー経営者」
という仕事

起業から組織化・資産化
そして承継まで

日本の企業の
ほとんどは
「オーナー企業」である

　第1章で見てきたように、私たちは皆、全員が「投資家」であり、投資には次の2種3経路がありました。

　①人的（資本）投資
　②金融（資本）投資
　③人的投資と金融投資の合成投資

　本章では、このうちの③「人的投資と金融投資の合成投資」という起業・創業・開業について、詳しく触れていきたいと思いますが、その前に、ぜひ皆様と共に確認、共有しておきたいことがあります。

　それは、日本には現在、440万社に上る企業があるとされていますが、その中で上場企業といわれるものはわずか0.1％にも満たない3800社程度で、**日本国に存在する企業の99.9％が「未上場企業」**であるという事実です。

　そして、その未上場企業の最大の特徴は、オーナー自身が経営するいわゆる「オーナー企業（法人）」であり、

現在の日本には、1000万人を超える「オーナー経営者」か、あるいはそれに近い方が存在しています。なぜなら、オーナー企業が400万社として、そこに代表、ナンバー２、ナンバー３などの取締役がおおよそ３人程度関わっているとすると、それだけで1000万人は優に超えると考えられるからです（ちなみに、実際にはそこにオーナーの一族の方や共同経営者などのパートナーなど、さらに多くの方々が関わっています）。

しかし、大変なことに、そのオーナー経営者やオーナー企業（法人）の経営に関わる多くの方々が、ご自分のされている「投資」に自覚がなく、理解が少ないという現状があります。

どんな起業・創業・開業にも終わりはある

起業・創業・開業に始まる「オーナーシップ経営」とは、未来に向かい、未来が開かれることを信じ、未来を築くことを目指して取り組まれる営みです。

しかしながら、物事には「始まりがあれば終わりがある」のがものの常で、その「終わりの姿」を知らず、自覚せずに未来へ船出することは、それ自体、リスク（実際はリスクを超えている）以外の何物でもありません。

「未来を目指して頑張るぞ！」としているとき、それは「ス

タート」であり、「そんなときにゴールのことなんて考えても仕方ない……」や「そんな先のことはわからない……」、あるいは「それはその時になって考えればいい！」などと、**オーナーシップ経営には明らかな終着の姿がある**にもかかわらず、「わからないもの」と思い込み、自覚すらなく先送りにしている方を多く見受けます。

しかしながら、実は、起業・創業・開業によるオーナーシップ経営には、業種・業態・職種のそれらすべてにかかわらず、「**4つの結論**」しか、終わりが用意されていません。

これは、先になろうが、後になろうが、30年後だろうが50年後だろうが、今だろうが、決して変わることのない定められた結論であり、「起業・創業・開業によるオーナーシップ経営の宿命（定められた命）」と呼んでもいいものです。

その4つの結論のどこに自分がたどり着くかは、自らの選択によるもので、それは「運命（命を運ぶ）」と呼べるものですが、結論が4つということ自体は、決して変わることのない、起業・創業・開業の「宿命」です。

4つの結論

繰り返しますが、起業・創業・開業から始まるオーナー

起業・創業・開業の結論は4つだけ

1. 事業の資産化
   （M&A［合併・事業譲渡］または IPO［株式公開］）

2. 子供（孫など一族）への事業と資産の承継

3. 解散

4. 倒産

図4　起業・創業・開業の4つの結論
起業・創業・開業から始まるオーナーシップ経営は必ずこのいずれかの
結論を迎える。

シップ経営の結論は、4つしかありません。

図4をご覧ください。

1．**事業の資産化**（M&A［合併・事業譲渡］またはIPO［株式公開］）

2．**子供（孫など一族）への事業と資産の承継**

3．**解散**（負債を背負うことなく）

4．**倒産**（自己破産含む）

これ以外、起業・創業・開業の結論はありません。

実際に、起業・創業・開業ということを行うとき、それを開始した時点で、必要な様々な設備や準備を「借入」という「負の資産」であるところの「**負債を背負う**」ことにより始めています。

そして、その起業・創業・開業を続けるのに必要な事実と順序は、

　①その負債を返済しつつ（**返済**）

　②事業（会社）維持に必要な売上を立て続け（**売上**）

　③従業員への給与をはじめ、事業（会社）維持に必要な費用を払い続け（**支払**）

　④その後に、自らの生活資金を得て（**所得**）

　⑤さらにその後に残ったものを蓄え（**貯蓄**）、次の資本（金融資本）とする

　となり、これが起業・創業・開業ということを続ける実際です。

　この①～④の順序が、起業・創業・開業を続けるのに必要な重要度順となりますが、実際に取り組む順番としては、**②売上**が最初になり、次いで、**③支払**となりますが、②売上が順調に行かない場合の**最悪のケース**は、**③支払**に行き詰まり、**①返済**が銀行等により強制的に行われ、**①返済と③支払の法的な対応**に追われるという事態が、４つの結論の「4.**倒産**」の場合に起こることです。

「信用」の正体

　ここまでで、起業・創業・開業に始まるオーナーシップ経営とは、前述の①～⑤を「続ける」ということが、

「オーナーシップ経営」といわれるものの実際であり実態であることがおわかりいただけたかと思います。そして、そのオーナーシップ経営を続けていくに際して、最も大切であると言われているものに「信用」というものがありますが、この「信用」とは一体何のことだと理解されていますでしょうか?

　私の講演会や講義に参加された起業家や経営者の方々にお尋ねすると、「(お客様に)信頼されること」や「任せられること」「信じられること、信じてもらえること」などの言葉が返ってくることが多くあります。

　しかし、私は講演会や講義ではずっと、「資本主義における『信用』とは、以下の一言です」と申し上げています。それは、

「お金を払い続けられている(状態)」

ということです。そして、続けて、オーナー経営者にとっての会社経営とは、

　「お金を払い続けられている(状態)」が成立しているとき、「あなたの好きなやり方でやってよいですよ」ということが許されている民法上に規定された法人組織を使用した**社会参加の一形態**

なのです、と。

世の中に「成功法則」「成功ノウハウ」と謳い "私のやり方" を説く多種多様の成功本をはじめ、「成功」という言葉を冠としたセミナーやYouTubeなどのSNSが蔓延しているのはそのためであり、その「払い続ける」というお金の出口の反対側、つまりお金の入り口である「売上（稼ぐ）」（＝払うための原資が入ってくる）を上げられた人が、「成功とは○○だ！」「○○による成功法則」などと、自分独自の "稼ぐ方法" を「成功」と説いているのはそのためです。

ちなみに、これら自分独自の "稼ぐ方法" を「成功」「成功法則」と称している世の成功本や「成功」を冠した「成功ノウハウ」などの情報に出会ったときに持っておくべき大切な認識は、それらは、後に第5章で詳述するオーナーシップ経営の一つの到達点である「資産化（家）」に至るための成功法則などではなく、むしろオーナーシップ経営のスタートである「稼ぐ」「稼げている」だけに焦点が当てられたもので、**「稼ぐ」「稼げている」＝「成功」との思考フレームで「成功」が語られているにすぎない**との新たな認識と理解です。

オーナー経営者として、そして、資本主義において「経済的成立」に至るために、「稼ぐ」「稼げている」という

要素は当然に重要な要素であり、そこに至るまでの弛（たゆ）まぬ努力や工夫は尊く価値のあるもので一切の否定はありませんが、激変が指数関数的に加速し続ける現在、前述までの「稼ぐ」「稼いでいる」という②売上を手にしたとしても、それだけでは、オーナーシップ経営の一つの到達点であるところの「資産化（家）」はもちろんのこと、オーナー経営者としての唯一で最終的なゴールである「次世代への“確かな承継”」には決して至ることはないことも事実であり現実であります。

　そのことから、「稼ぐ」「稼げている」＝「成功」との思考フレームで「成功」が語られているものや、自分独自の“稼ぐ方法”を「成功」「成功法則」と称している成功本や「成功ノウハウ」をはじめとして、この「成功」なる曖昧かつ漠然とした概念の再定義と再認識から始めることが極めて重要になります。

「到達できた！」と思えるものは１つしかない

　自ら起業・創業・開業をされる方の多くは、就職時に得ていた④所得を「今の給料以上に増やす！」と目論まれ、そして⑤貯蓄により資産を「築く！」（実際には「資産を築く！」との認識も自覚もなく「成功を！」という、漠然とした「成功」の概念を求めてですが）と起業・創業・

開業の船出をされます。ですが、ここまでに示した起業・開業・創業の実態と実際をご存じないことに始まり、オーナーシップ経営が成立するのに必要な多くのことも教えられていないことから、前述の「4つの結論」の「4. **倒産**」の憂き目を見ることになるか、「4. 倒産」にならないように、なんとか「3. **解散**」で終了できるようにと、60歳を過ぎてから慌てて事業の売却の検討を始められても、そう簡単には引き取り手も見つからず、今の時代、「3. 解散」にできれば、今まで④所得を得られてきたのだから万々歳！ という状況の方を数多く目にしてきました。

　また、中には、「私は子供に『2. **事業承継**』をしたよ！」「子供を大学まで出させて同じく経営者にして継がせた！」と言われる方もいらっしゃいますが、その内実は、「**負債を子供に引き継がせた**」ということを行っていることが多く、日本のオーナーシップ経営の実態としては、「4. 倒産」や「3. 解散」に該当するような状況であるものが、「負債を子供に引き継がせた」ということで「2. 事業承継」に変質して見えているだけのケースも少なくありません。

　そのことから、結論の種類は4つでありながら、**目指すべきは「1. 事業の資産化」の姿のみ**となり、その「1. 事業の資産化」ができたものや、あるいはできる状態であるものを、子供や孫など一族に継がせることにより承

継されるのが「**2. 事業承継**」の**本来のあるべき姿**であって、実際には事業承継と言いながら、「**4. 倒産**」になりかかっているものや、本来は「**3. 解散**が経済的には合理性があるものが**2. 事業承継**のような形になっているもの」が混在している事実を、これまで講演や講義で詳しくお話ししてきました（第8章参照）。

これでおわかりのように、起業・創業・開業には、

結論は4つ。されど、「到達できた！」と思えるものは1つしかない。

これが、**起業・創業・開業から始まったオーナーシップ経営が迎える終着の真実**になります。

しかし、今まで、起業や経営にはこのように「明確な結論」があることすら語られることが少なく、それを知らずに起業や経営をされ、一人悩まれる起業家やオーナー経営者の方々を私は数多く見てきました。

創業のご苦労。あるいは、先代・先々代から引き継いだご苦労。そして、個人と会社の区別なく、従業員並びにそのご家族までをも個人の保障によって支え、「理想の会社の姿とは……」と人知れず、昼夜を問わず悩み、考え続けながらも、時に「公私の分別がついていない」「ガバナンスが整っていない」など、外野の揶揄する言葉に

さらされて、迷われながらも前に進み続けている起業家やオーナー経営者の皆様。

　その起業家やオーナー経営者の皆様に、「我が社にとってのオーナーシップ経営とは何か」に改めて向き合っていただき、その中で、自らが目指す「オーナーシップ経営像」を確固たるものとして掲げていただきたいのです。

「オーナーシップ経営」を理屈でなく体得するために

　本書で述べています新たなフレームワークや内容を、起業家やオーナー経営者の皆様の日々の会社経営や会社運営に活かしていただきたいと切に願いつつも、会社経営や会社運営とは「実務」であり、「理屈を頭でわかること」だけでは全く足らず、皆様ご自身に、「イメージが湧いて自分がしている起業や経営がより見える化された！」や「自分が今やっていることが何で、次は何に着手すべきか整理がついた！」などの手応えと実感が起こることこそが私の目指したいところであるのですが、本書を含めた書籍という形式は、その構造上の制約や限界があることから、皆様に実感を持った手応えや体感を得ていただくのが難しいものであることも自覚しています。とりわけ、

資本を資産に投じ（投資し）、その資産から益（糧・富）を得る。この「資本を資産に投じて資産から益を得る良循環」を生み出し、その良循環を拡大再生産し続ける

そして、それに加えて、その良循環を一代限りのものではなく、数世代にわたって"確かなもの"として継いでいくことを可能とする、

資産の承継を含めた「次世代への"確かな承継"」

を目指す、という「新しい体系」の理解と実践については、その意味を初見で文字だけで理解するのは難しく、ほぼ不可能だと言っても過言ではありません。

と言いますのも、それは、皆様の理解力であるとか、リテラシーの問題ではなく、「理解」というものには、そもそもの話として独特の"メカニズム"があり、この「理解」という脳の中で起こる現象には、ある一つの特徴があるからです。

例えば、次のような文章があったとします。

「二遊間に飛んだ内野ゴロが、ショートの手前でショートバウンドしたものを、ショートが逆シングルでキャッチして、セカンドにベースカバーに入っているセカンドにそのままグラブトスをして、セカンドはスライディン

グしてくるランナーをジャンプで避けながらジャンピングスローで一塁に送球して、ゲッツーを取った」

これは、野球をしたことがある方であれば、ただちに頭の中に映像が浮かび、「あ、ショートゴロでゲッツーね」と一瞬で理解されますが、野球の経験がない、野球を知らない方には「？？？？」となってしまう、まるで謎の説明でしかありません。

つまり、「理解」とは、「頭の中にイメージ（映像）が浮かぶ」ということが起こることであり、文字や文章による理解とは、それ以前に「見る」や「する」などの何らかの（実）体験があるときに、「文字や文章にされた説明も理解できる」となるもので、初めから見たことも聞いたこともない現象や対象を、文字の羅列で「理解」できるものではありません。

そこで、オーナーシップ経営について、本書だけではなく、パワーポイントの図版のほか、起業家やオーナー経営者である皆様にとってなじみのある例え話や事例などを用いて、皆様ご自身がお持ちの経営経験と本書に記す内容が繋がり再整理されますよう、本書の内容を30分程度の動画にまとめました。どなたでもご覧いただけるよう、無料で公開しております。併せてご活用いただければ幸いです。

無料ダイジェスト動画URL・QRコード

https://life-is-investment.jp/basic-course-
digest/

第3章

創業から
「資産化（家）」に至る
3つの段階①

創業期の成長のベクトル

「創業期」から
「組織化期」を経て
「資産化（家）期」へ至る道

　図5をご覧ください。

　これは、前章に示しました資本主義においてオーナーシップ経営を行うに際しての「4つの結論」の一つであ

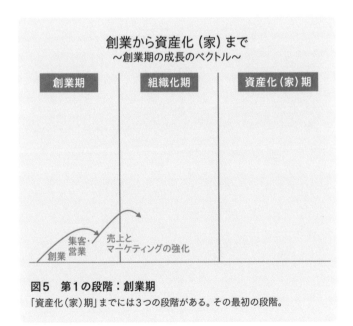

図5　第1の段階：創業期
「資産化（家）期」までには3つの段階がある。その最初の段階。

る「**1. 事業の資産化**」（これはそのことで「資産家」と
なることから、以下「資産化（家）」と表します）に至る
までを、起業・創業・開業からの道のりとして"見える化"
したマップの最初の部分です。

ご覧のように、「人的投資と金融投資の合成投資」で
ある起業・創業・開業により「オーナーシップ経営」を
されている方が進む資産化（家）までの道のりには、「**創
業期**」「**組織化期**」を経て、IPOやM&Aなどの「資産化
（家）≒資産形成」というプロセスが含まれる「**資産化（家）
期**」という**3つの段階**があることを示しています。**図5**
はその始まりの段階、「創業期」を示しています。

そして、この各段階には、「**その段階ごとに必要とされ、
求められる能力が変わる（異なる）**」という事実があります。

創業期によくある落とし穴

多くの起業家は（過去の私も含めて）、創業期に「この
コンテンツは……」「自分のビジネスモデルは……」な
どと気負って、「これはオンリーワンとしての価値があ
る！」や「この業界においてオンリーワンになる！」など、
コンテンツやビジネスモデルに傾注する傾向にあり、多
くの起業家は「コンテンツ」や「ビジネスモデル」など
という言葉を多用し、「オンリーワン」などの言葉を好み、

掲げます。

　しかしながら、実はそう言うこと自体、「広い世界を知らない」上に、あわせて「そもそも『ビジネスモデル』という言葉が経営においてどのような意味を持つ言葉なのか解っていないで使用している」というありさまで、「何らビジネスモデルにすらなっていない」という状態であったりします。

　他方で、同じく起業家のタイプに、営業系の仕事に従事していたことから自らが持つ「営業力」により起業・創業・開業されたという方がいます。「自分は売れる！」「自分は数字が作れる！」という自らの営業力の手応えと自信により、「これだけ売上が上げられるんだから、自分でやった方が儲かるでしょ！」と、自らがあげてきた「売上」と得ている「給与」を比較して、いわば「搾取されている感覚」に近い感覚を抱き、「それなら自分で……」と起業を決意された方などに多く見受けられます。

　しかし、この両者は双方共に、自らの立ち位置（起業）とその先に、オーナーシップ経営によって経済的な成果を得る（経済的成立）には**「複雑かつ多数の要素」**があることを知らず、そのうちの「一要素（エレメント）だけしか持っていない（それによって立ち上がった）」ことに気がつかずに起業・創業・開業をしている、という意味においては同質の状態であることに気がついていません。

つまり、起業・創業・開業とは、

その先々も経営を成立させるに必要な要素（エレメント）が複雑化し、かつ、増大し続ける中で、それら複雑化された多数の要素を高速度で繋ぎ合わせて経営という有機体を成立させ続けること

であるところの「経営」を始めることを意味します。そして、それは「複雑性が増加し続ける職業」である**オーナーシップ経営の「第一歩の第一歩」を進み出したにすぎない**のです。

その「複雑性が増す」ということ、さらにその「複雑性が増す」に対応できない起業家についての一例を上げると、以下のようなことが挙げられます。

例えば、「コンテンツ」や「オンリーワン」を前面に押し出して起業することで起こる次の出来事としては、その「コンテンツの強み」や「オンリーワン」への想いが強いことから、自身で無意識・無自覚にその新規性を尖らせることや訴えることに傾注し、「顧客の真のニーズを見落とす」ことなどが挙げられます。

また、「営業系」で起業された方などは、「新規顧客の獲得」に傾注するものの、リピート率や、そして特に重要なのが離脱率などの「数値化」なのですが、それら数

値化を軽視して（あるいはその重要性が理解されておらず）、「まずは行動！」「とにかく行動！」と、「動くこと」に大量の時間を投じることだけを無自覚かつ唯一の戦略として、KPI（重要業績評価指標）の整備搭載をおろそかにしがちになることなどがあります。

創業期にこそ必要な数値化

　ちなみに、これら数値化であるKPIなどの「管理会計」を導入せずに行われる営業活動は、実は、「自分たちがどうやって稼いでいるのか？」「どのようなことでこの売上が上がっているのか？」といった、「**自らの強みを見える化して、それを組織全体に波及させる**」という、企業経営の成長のベクトルにおける次の段階である「組織化期」を遠ざけます。

　そして、このKPIとは、KGI（重要目標達成指標）といわれる「月次の売上」「年次決算」などに繋がる数値の管理であり、それらを体温計のように「今好調だよ」などと継続的に計り続けることは、今の自分たちと近い将来の自分たちの姿を想定するには必須であり、これに着手せず、あるいはおろそかにすると、あっという間に、「気がついたら収益が悪くなっちゃったんです……」「わからないうちにお客さんが来なくなっちゃったんです

……」などの憂き事態を起こしてしまうことになります。

　創業期にはまさに、このKPIを含め、組織としての収益の管理であるところの**管理会計**や、効果的な活動ができているかを計る**マーケティング及びセールスの分析**が大変重要になってくるのですが、「今は稼ぐことで精いっぱいで……」「今は売上を上げることに集中しているので……」と、未着手の会社が散見されます。

自社の強みと弱みを見誤る

　次に、一見うまくいっているように見えて、実は成長のベクトルを乗り継ぐことができず、むしろ下降してしまうものにどんなケースがあるかというと、「自分の会社の強みと弱みを見誤る」ということが多くあります。

　これらの経営者の特徴としては、「成長」や「スピード」や「速く」という言葉を多用する傾向があります。

　そして、それら「成長」や「スピード」や「速く」などという言葉を掲げる方の、そこで取られる実際の行動を定点で見ていくと、実は、「その時の思いつき」「行き当たりばったり」「影響を受けている"先輩"経営者の言葉の影響（受け売り）」「情報商材（書籍含む）やSNSなどで見かける"成功への近道的情報"を真に受けている」などといったことが見受けられます。実際には無策であっ

たり、中には「リスクを取る」という言葉の意味を履き違えて「成長こそすべて！」「スピードこそが命！」などと、**リスクを取ると無謀の違い**を知らず、自他に対して発破をかけているようで、ただ自身の抱く妄想や妄信に向かっての暴走でしかなかったりすることがあります（若き日の私も含めて）。

また、「飛躍」を掲げるのもその一つです。

これは「飛躍」という現象やそれを望むことを否定しているのではありません。他方で、飛躍とは「起こすもの」ではなく「起こるもの」であるという、現実的事実からの指摘です。そもそも「飛躍」とは、適切な方法による今までの継続的な積み上げがあり、その結果、「機が熟してきた」などのまさに機会（タイミング）と出会ったときに起こる「浮揚」のことを指す物理現象の用語であり、「何もないところから」や「自らが望んで」や「とにかく動く」ことなどで起こるものではないのです。

だからこそ、この「飛躍」を掲げる（掲げたくなる）とき、その背景にある「掲げたい何か」であるところの、**心理的力動**（ほとんどの場合、誰かや何かとの比較や、何らかの不安や、何らかの焦りなどがある）を洞察することが重要になります。なぜなら、「飛躍」を掲げる後ろ側で「無謀・無策」が見落とされていることが多くあるからです。

「自覚」からコントロールとマネジメントは始まる

　この「飛躍」を掲げたくなるという**オーナー経営者の心理的力動及びそこに潜む無自覚のバイアス**に関しては、それだけで何冊もの書籍になってしまうほどの研究がなされていますが、これまで実際に私が出会ったケースでは、年商100億円程度のオーナー経営者には相当数の方が含まれ、年商1000億円規模のオーナー経営者でも陥ってしまう現象で、多くの洞察的で賢明なオーナー経営者の方であれば、ご自身のオーナー経営者経験の中で一度や二度は体験、実感、自覚されたことがあるであろう心理的力動かと思われます。そのことから、仮に自らに起こったとしても、なんら恥ずかしいことではありません。

　しかし、それに気がつかず、そのような心理的力動が起こっている自分と、そのようなバイアスを持っている自分を**自覚せず、放置している**ことが「危ないこと」であり、それこそが後に「無能」の烙印を押される結果を生み出します。

　ちなみに、このような心理的力動が起こるのも、自らの人生と、知力・精神・精力、財産を含めたすべてを注入する「オーナー経営者」という仕事だからこそ起こることであり、そのことから、「そうか、年商100億円や1000億円規模になった経営者の方でもそのような心理や想いを抱かれ、行動に出てしまうことも起こるのだな

……。危ない危ない」と、売上や会社規模の問題ではなくオーナー経営者という仕事にまつわる性質と、オーナー経営者に求められる能力の問題として、そのような心理的力動が起こることを位置付けて、「よし。自分はそれを認識して、洞察・自覚して、コントロールしていくんだ」と、「飛躍」をはじめとする自らの中に沸き起こる様々な心理的力動をよくよく捉えてみてください。

　どんなことでも、**それを自覚する（受け入れる、見つめる）こと**から「コントロールとマネジメント」は始まります。

「稼ぐ」からそれを継続させる「組織化」へ

　さて、**図5**の「創業期」左下の山なりの矢印（以下、「ベクトル」）のように、起業や創業した当初は、まずは生き残りをかけて必要な「お金を稼ぐ＝売上」が最も重要となり、そのために営業や集客やマーケティングなどの**売上（稼ぐ）を増やすことに注力**することが求められ、そこに集中的に時間とお金を使います。

　そして、その集中的に使った「時間とお金」（つまり自分の知力と精神と精力と財産のすべてをそこに投じるという「投資」）の結果、意図（目的に）していた「売上が上がるようになる」ということが起こると、「売上が全く

なかったところ（起業・創業・開業）から売上が上がるようになった！」という体感が得られます。そして、そこに「何もなかったところから生み出した！」という達成感や手応えが生まれることから「私は成功した！」との自信と自負を持ち、「この成功（売上）に至るには、○○のような苦労があり、××のような方法を様々試した結果、この成功（売上）を生み出すことができた。だから、これが『成功の法則』に違いない！」と、「成功」ということを多くの方が語り始めます。

第1章（25頁）、第2章（38頁）でも触れましたが、これが世に様々な「成功法則」が唱えられ、「成功本」といわれる物語が溢れかえっている真相です。

しかし、その売上（稼ぐ）がある程度安定すると、新たに、「今、得られている売上を安定的に伸ばす」や「今まで苦労を共にしてくれた人々への分配」や「古いメンバーと新しいメンバーの待遇の改善や不公平の解消」などなど、「売上を安定的に確保しつつ、新たな挑戦やステージにコマを進める体制」を必要とします。

つまり、「稼ぐ」を成立させた次の段階として「**稼ぐ**」を「**継続させる（持続させる）**」ために求められる「**組織化**」です。

次章では「組織化」についてご説明いたします。

57

第 4 章

創業から
「資産化（家）」に至る
3つの段階②

組織化期の成長のベクトル

組織化への注力のないところに
成長のベクトルの
次の段階は訪れない

　創業から始まり、営業や集客に集中と注力をして売上を上げながら、その売上をマーケティングなどにより強化しつつ、それが実現されると、次の段階である**組織とマネジメントの整備や強化を行う**「組織化」へと、「注力すべきこと（打ち手）」のベクトルが移行していくのがオーナーシップ経営の実務の実際であり、真の姿になります（**図6**）。

　そのことから、「**非連続であるベクトルを断続的に乗り継いでいく**」ということがオーナーシップ経営には求められ、ゆえに、「その段階とベクトルごとに必要とされ、求められる能力が大きく変わる（異なる）」という事実があることになります（これは、第3章51頁で述べた「複雑性が増加し続ける」という言葉と同質で同義のものとなります）。

　しかし、多くの起業家やスタートアップそして経営者も、この「組織化」にてこずり、苦労し、時にはうまく行かず、てこずっている間に、売上を上げていた主要事業の「旬」

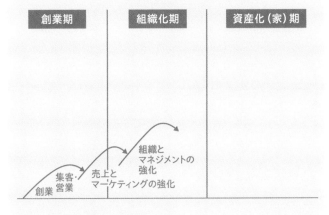

創業から資産化（家）まで
～組織化期の成長のベクトル①～

| 創業期 | 組織化期 | 資産化（家）期 |

組織と
マネジメントの
強化

売上と
マーケティングの強化

集客・
営業

創業

図6　第2の段階：組織化期①
創業期の売上が達成されると、組織とマネジメントの整備や強化を行う
「組織化期」へと移行する。

が去るという憂き目にあうことも少なくありません。

　それを表したのが、次頁の**図7**になります。

　このように、創業期から組織化期に移行する初期過程で起こる現象として、一時期的（数年程度）には、「売上が上がっている！」「売上が拡大している！」かのように見えていたコンテンツ、プロダクトといった事業が、この組織化期に入る前に、雲散霧消して消えていくことがあります。

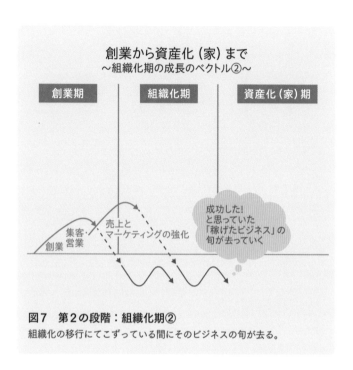

図7　第2の段階：組織化期②
組織化の移行にてこずっている間にそのビジネスの旬が去る。

　なぜそのようなことが起こるかと言うと、それら組織化期に入る前に消えていくものの多くは、そもそも論として、コンテンツやプロダクトやサービス自体の質に問題があるものや、自らの独自性に陶酔して競合やマーケットを見誤ること、さらにはKPIにはじまるデータの見える化とその分析に基づく戦略の不整備などにより起こるものが多く、それらは本来、組織化期に移行する前の創業期の段階で取り組まれ、整えられ、固められるべきこ

とが実現されていないことから起こるべくして起こっているものも多くあります。

他方で、それら創業期の段階で取り組むべきことに取り組まれ、創業期の課題をクリアしたとしても、この組織化にてこずることで、てこずっている間にその「ビジネスの旬が去る」という憂き事態が多く起こることも、組織化期で起こる起業家やスタートアップの現実として多く見かける姿です。

「急成長」という落とし穴

成長のベクトルで、「売上が大きく伸びた」「利益が大きく出るようになった」となると、「売上と共に人員が急増する」ということが起こります。

これは、「売上アップ」と「人が増える」という２点の要素だけに変化が起こっている現象であるにもかかわらず、「急成長ですね！」「○○業界の○○社長のようですね！」などともてはやされ、自らも「成功」という漠然かつ曖昧な概念でありながらその「甘美な響きを持つ言葉」に自覚なく酔い始めるということが、どのような経営者にも程度の差の違いはあれど、少なからず起こります。

しかし、「売上アップ」と「人が増える」が起きているということは、その「売上を支えるコスト（費用）」も同

時に増大しており、実は**コストの増大**と「知らないスタッフが増えている」という**リスクの増大**が現実の現象として起こっていることに気がついていません。

　そのようなとき、本来、オーナー経営者は、コストの増大と社内に知らない人が増えているというその「リスクが増大している現実」にこそ目を向け、組織の整備と強化であるところの「**組織化**」に注力するべきなのですが、その組織化に関しては「外部の専門家に任せる」（これも百歩譲って専門家であればまだよいのですが、実はただの業者だったりすることがありがちです）などとなりがちで、自らが「組織化の陣頭指揮」に立つことはなかったりします。

　さらに、この「急成長」と人々にもてはやされる時期に見る多くの起業家やオーナー経営者の姿と現象として、自らの「成功」を讃える人々や、新たに出会った外部の別の世界の人々、他の成功者などといわれる人たちとの「外遊」や「交友」に、「新たな世界を知る」などの言葉を使用しつつ、多くの時間を割き始めます（**図8**）。

　これら「外遊」や「外交」は新たな効果や価値をもたらすことも事実としてあることから一概には否定できませんが、多くの場合、「時間とお金の多くを浪費した……」という結果に行きつきます。

　これを避け、防ぐために、「外遊」や「外交」が今と近

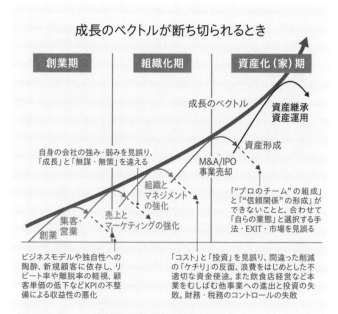

成長のベクトルが断ち切られるとき

| 創業期 | 組織化期 | 資産化（家）期 |

成長のベクトル

資産継承
資産運用

資産形成

M&A/IPO
事業売却

自身の会社の強み・弱みを見誤り、
「成長」と「無謀・無策」を違える

組織と
マネジメント
の強化

売上と
マーケティングの強化

集客・
営業

創業

"プロのチーム"の組成」
と「"信頼関係"の形成」が
できないことと、合わせて
「自らの業態」と選択する手
法・EXIT・市場を見誤る

ビジネスモデルや独自性への
陶酔、新規顧客に依存し、リ
ピート率や離脱率の軽視、顧
客単価の低下などKPIの不整
備による収益性の悪化

「コスト」と「投資」を見誤り、間違った削減
の「ケチり」の反面、浪費をはじめとした不
適切な資金使途。また飲食店経営など本
業をむしばむ他事業への進出と投資の失
敗。財務・税務のコントロールの失敗

図8　オーナー経営者が陥りがちな落とし穴
非連続のベクトルが断ち切られないよう、自分がどこに位置しているの
かを再確認して、誤りを避ける。

未来の自分と自分の組織に効果や価値をもたらすか否か
の判断に際して、参考にしていただきたい判断のフレー
ムがあります。それが、

　組織化の陣頭指揮に自ら数年間立つことを経験してか
　ら外遊や外交を行う

というフレームです。

この「組織化の陣頭指揮」に「自ら数年間立つ」という**組織化への注力**のないところに、オーナー経営者として乗り継いでいくべき、成長のベクトルの組織化の次の段階に位置する「**資産化（家）期**」は訪れません。

また、「外遊」や「外交」と合わせてやりがちなオーナー経営者の失敗に、例えば自らの本業は製造業であるにもかかわらず、他業種である飲食店の経営や、マッサージ店などの店舗ビジネスの出店、中には、後輩や交際相手のビジネスに出資する等の「**片手間で始める本業以外の事業**」があります。

これは、**図8**に示す「本業をむしばむ他事業への進出と投資」に含まれるオーナー経営者の「失敗あるある」の一つです。税務と財務を理解し、「本業の黒字の一部を使って2年でダメなら撤退」などと、税務と財務の観点から撤退の想定までして行うのであれば、「やけど」程度で人生（経営）の経験の一部となり、中年期以降には「若気の至り」の可愛らしい楽しい思い出とすることもできますが、それら税務と財務のマネジメントが全くできていなかったなどの場合、会社の屋台骨を大きく揺るがすことになる例はめずらしくありません。

また、これらの明らかな誤りを含め、「非連続の成長

のベクトルを乗り継いでいく」のに大きな負の影響を及ぼしてしまう失敗の「あるある」として、「組織化を含めた『次のベクトルへの移行に係る費用』をコストと考えて投資（インベスト）をしない（できない）」というオーナー経営者がいます。

　繰り返しますが、**組織化を含めた次のベクトルへの移行とは「投資」なのです。**そしてそれは、事業の「資産化」をあなたにもたらす、**「資産化に必要な最大の投資」**の一つなのです。

　しかし、残念なことに、**図8**に示すように「次のベクトルへの移行」への投資や、「資産化に必要な投資」をコストと見誤って、「（やっと稼げるようになったのに）もったいない」や「そんなに費用が掛かるのは……」などの間違った「コストの削減」である「ケチり」をしてしまうオーナー経営者は少なくなく、さらに残念なのは、その一方で、「自分へのご褒美」などの言葉を持ち出しては、「ご褒美」を超えた、不適切な資金使途や謎の浪費が常習的になっているオーナー経営者を創業期から組織化期に少なからず見かけることです。

　本書をお読みいただいている洞察的で賢明な起業家やオーナー経営者の皆様には、これらのことも、先の「飛躍」を掲げたくなる心理的力動と無自覚のバイアス（第3章55頁）と同じく、「オーナー経営者に起こりやすいこと」

と受け止め、自らを洞察し続けていかれることと思いますが、「資金使途」に関しては、多くの起業家、オーナー経営者の方が「いくら稼いだら、いくらくらい使っていいのでしょうか？」や「〇〇は投資になりますか？　それとも浪費になりますでしょうか？」と、実のところ、大変迷われ、わからない不安をお持ちのまま日々の経営に臨んでおられます。そして、そこには「コストやインベスト（投資）を含めた資金使途の塩梅がわからない」という財務を筆頭としたオーナー経営者として搭載すべき知的リテラシーの不足があります。

　これらのお悩みを解消し、削減すべきコスト、行うべきインベスト、使用していい消費と浪費の違いをわかるようになり、自らコントロールとマネジメントできるようになるためのフレームとツール、それが、第1章の終わりでも触れました、「世界一わかりやすいBS/PL」による「BS/PL（財務諸表）」の理解になります。

　私が提唱していますこの「世界一わかりやすいBS/PL」については、第7章で詳述いたしますが、オーナー経営者にとって必須の知的リテラシーとなることから、このフレームとツールを、ぜひご理解され体得していただければと思います。

第 5 章

創業から
「資産化（家）」に至る
3つの段階③

資産化（家）期の成長のベクトル

創業時には必要とされなかった
様々な思考と判断と
能力が求められ続ける

　図9をご覧ください。

「組織化期」の先には、IPO（株式公開）やM&A（合併・

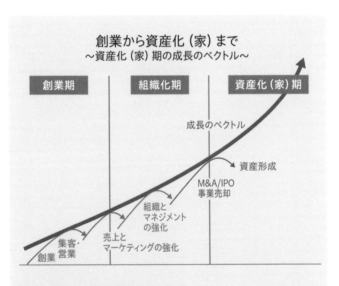

図9　第3の段階：資産化（家）期
組織期の次は、IPOやM&Aなどによる資産形成を入り口とする「資産化（家）期」へ。

事業譲渡）などによる資産形成のプロセスを入り口とする**「資産化（家）期」**が待っています。このように、起業・創業・開業から始まり「資産化（家）」のステージへと至るオーナーシップ経営の道のりは、大きく、

創業期⇒組織化期⇒資産化（家）期

の３つの段階をたどります。

　そして、この資産化（家）期に至るまで、オーナー経営者には、前章までに記したような創業期や組織化期に起こしやすく陥りやすい誤りを避け、時に乗り越えながら、非連続のベクトルを断続的に乗り継いでいくことが求められます。そして、それを可能とするには、各段階とベクトルに応じて求められる能力やチームを、社内外の垣根を超えて、専門家などの支援も含めて形成できることが必須になります。

非連続のベクトルの乗り継ぎ方

　ここでは、起業や開業などの「創業期」に求められる能力と「組織化期」に求められる能力、さらには「資産化（家）期」に求められる能力の大枠について記していきます。

起業や開業などの「創業期」に求められる力やスキルは、「無限と思える時間を投じる」「諦めない」といったキーワードが象徴する、**試行錯誤を大量の時間と共に高速度で行い続ける力**が求められ、これが、世の成功者といわれる人々が、「創業当初は寝ずに……」や「当時は土日もなく、1日3時間程度の睡眠時間で……」「断られたのは100件どころでなかった……」「試作品のやり直しは1000回を超えた……」などと成功の回顧録で語る言葉の背景です。

　そして、創業期において、その「試行錯誤を大量の時間と共に高速度で行い続ける力」を用いていると、起業家向けの書籍やMBAの教材などによく記される、いわゆる「MVP」（Minimum Viable Product＝実用最小限の製品）といわれる必勝パターンを手に入れることができます。

　これが、「創業期の第一歩」となります（ちなみに、大変厳しい言い方になりますが、この「第一歩」は、創業期に求められる「最低限の力」としての「第一歩」であり、第7章で詳述する資本主義社会における「経済的成立」の「第一歩」ではありません）。

　そして、その「MVP」といわれる必勝パターンを手に入れると、次の段階としてMVPを用いた**「売上の増加」**を目論むわけですが、その段階では「無限と思える時間」

が、実は「無限ではなく有限であった」という現実にぶつかり、また、自らも個人としてのキャパシティーや能力の限界に直面し、「時間対効率」や「他の人の力を必要とする」などの「効率化」や「組織化」が求められ、自らも「起業家」から「経営者」となって、それらを求めるようになります。

この「効率化」は、今まで鍛え、身に付け得意としてきた「大量の時間を投じる」ということとは真反対の能力となり、「効果は最大化を目論みつつ、時間やお金や人の投入をどうしたら最小化できるか?」という「分析的かつ戦略的な思考」と「適切かつ効果的で具体的な施策(打ち手)の連続」が求められるようになります。それは、「試行錯誤を大量の時間と共に高速度で行い続ける力」で進んでいた創業期とは全く違う「思考フレーム・戦略・能力・行動様式」です。

さらに、「**組織化期**」に至っては、「人」なるものに「自らの意図に沿って動いてもらう」という必要が発生し、「自分一人を自らが思い通りにコントロールしていたとき」とは、これまた全く違う思考フレーム・戦略・能力・行動様式が求められます。世にいう、「リーダーシップ」「マネジメント」「組織づくり」といわれる思考フレームや能力(スキル)が求められる段階になります。

「**資産化(家)期**」の段階に至っては、第一に事業を「資

産化」する「資産形成」のベクトルがあり、それを乗り
継ぎ、実現するには、M&Aによる事業譲渡や株式譲渡や、
IPOによって自ら保有する株式の価値を増加させるなど、
「**資産形成**」を実現させる「思考フレーム・戦略・能力・
行動様式」が求められます。

　さらには、その形成された資産（金融資本）を「事業
以外の新たな資産への投資」として行うことが求められ
る「**資産運用**」のベクトルが次のベクトルとして存在し、
そのベクトルを乗り継ぐには、今まで行ってきた「事業
投資」と、これから行う「事業以外の新たな資産への投資」
であるところの「金融投資」には、**同じ「金融資本を投
じる『投資』」でありながら明確な**「**質**」**の違いがある**こ
との明確な理解が求められます。

　また、それと同時に、「資産運用」のベクトルの成果を
共に実現してくれる各種金融機関の選定にはじまり、プ
ライベートバンクや投資ファンド、あるいは不動産ファ
ンド等の「金融投資」の専門機関や専門チームを厳選し、
それら専門機関や専門チームとの協議や連携を通して、
専門家やプロフェッショナルからの「協力を得られる」
という、「資産運用」のベクトルに応じた「思考フレーム・
戦略・能力・行動様式」が求められるようになります。
そして、その資産運用のベクトルの先には、第8章で詳
しく述べますが、「**資産承継**」のベクトルが待っています。

　これらの段階とベクトルごとに、全く違う思考フレーム・戦略・能力・行動様式のどこを自ら身に付けて伸ばし、また、それと合わせて、どこを他人に担ってもらうかの判断が常に求められます。そして、それと同時に、それらの各段階に応じた戦略や行動を担える能力のある人間との出会い、さらにはその能力ある人間との信頼関係を形成できる能力など、**創業時には必要とされなかった様々な思考と判断と能力**が求められ続け、これらの思考と判断と能力は、成長のベクトルが進む（上がる）につれて、ますます数（量）と複雑性が増し、エントロピーのように増大し続けていきます。

　このことからおわかりのように、それらはすべからく、「何か一つを磨く」という、同一線上にあるものではなく、まさに「**非連続のスキル（能力）を乗り継ぎ、増やし、搭載し続けていく**」ことになります。

　そして、これを最も効果的に行っていくには、

①そもそも、この「非連続のベクトルが存在する」という**事実を知り、受け入れる。**

②そのベクトルごとに必要な「思考フレーム・戦略・能力・行動様式」を知り、**自らが身に付ける。**

③上記②の一部、あるいはベクトルごとに増加し続ける多くの部分を「自らと補完し、補い合える能力と人格を持つ人物」に出会えた場合、その人物と**パー**

トナーシップを組む。

④それと同時に、③の人物に出会える出会えないにかかわらず、各ベクトルで必要とされる専門性や能力を持つ**専門家、プロフェッショナル、能力者の協力を得る。**

⑤以上と合わせて、②〜④を共に伴走してくれる**メンター、コーチを持つ。**

　ということが、「非連続のベクトルを乗り継いでいく」に際して、それを最も効果的に行っていく具体的な方針と手順になります。

第 6 章

「成功」とは何か？

「経済的な成立」と「幸せ」は別のもの

一括りにされている「成功」と「成功者」の姿と物語

　ここまで、私たちは資本主義という構造（メカニズム）の社会の上に住んでいること、そして、「投資家」としてその資本主義に参加しているという**事実**と、そこには「人的資本」と「金融資本」とその２つが合成された投資の「２種３経路」の投資方法があるという**ルール**の上で、人生を構築しているということを見てきました。

　さらには、その**資本主義の構造（メカニズム）**とは、

　資本を資産に投じ（投資し）、その資産から益（糧・富）を得る。この「資本を資産に投じて資産から益を得る良循環」を生み出し、その良循環を拡大再生産し続ける

ことであり、そこからさらに歩みを一歩踏み出して、その良循環を一代限りのものではなく、数世代にわたって〝確かなもの〟として継いでいくことを可能とする、

　資産の承継を含めた「次世代への〝確かな承継〟」

を目指す。

これが、**資本主義における唯一で最終的なゴール**であり、**「オーナー経営者としてのゴール」**であると申し上げてきました。

それを踏まえて、本章では、その資本主義におけるゴールに向かう道のりで、「稼ぐ」ができるようになった方（いわゆる高額所得者）、「資産化（家）」を実現された方、さらには「資産から益を得る良循環」まで構築された方など、世にいう「成功者」といわれる方々が得たとされている「成功」という概念について今一度整理し、確認していきたいと考えます。

なぜなら、世の中で「成功」「成功者」として語られる姿は実に様々ありますが、それら「成功」や「成功者」という概念を、「資本主義」の構造（メカニズム）とルールに則り達成してきた**「経済的成立」の度合い**という観点から見直したとき、そこにも実は段階やステージ、あるいは違いが存在するからです。

ところが、それらの差異や段階やステージの違いは語られることがなく、不明瞭のまま、一括りに「成功」や「成功者」という言葉が無自覚に無分別に使用されてしまっている現実があり、それが多くの人を迷わせ、時に惑わせてしまっています。

そして、その大きな理由がどこにあるのかと言えば、「経済的な成立」という「経済上の話」と一人の人間として「人生をどのように生きるか？」「何を目指し、何を手にしていきたいのか？」などの「人生の達成感」や「幸福感」や「幸せ」といった、本来、「経済的な成立」と全く別であるはずのものが「成功」という一言で語られ、混同され、同じものかのように認識されているという根本的な誤りのもとに、「成功」「成功者」という言葉が使用されているところにあります。

　すでにお気づきの方もいらっしゃるかと思いますが、いわゆる「成功者」といわれる人が手に入れたものとは、実のところ、「経済的な成立」という経済上の財産やステイタスのことを指します。

　しかしながら、起業や創業や開業をされる方の多くが、その「経済的な成立」と、そもそも大変漠然とした抽象的で曖昧な概念である「成功」や「成功者」という概念とを、無分別のまま整理されていないということから、いわゆる「成功者となった」と言われる人の中に、無意識を含めて自分が真に求めていた「幸せ」と、自らが掲げて追っていた「像」（「成功」という抽象的な漠然とした像）とに大きな乖離が生まれ、実は「望んでいたものと手に入れたものが違っていた……」ということが多発

しています。そして、なぜそのような事態が生じてしまっているのかと言えば、それは、「成功」や「成功者」という概念に対しての「**重層的な気づきの欠如**」ということが起こっているからなのです。

これはどういうことかと言うと、「成功」といわれるものを掲げて追い求める多くの人々が真に求めていたものは、実は「成功」ではなく、「経済的な成立」と「自らが感じる幸せ」という全く別の独立したものであったにもかかわらず、そもそもその違いがあることすら知らず、気がついていないことから、疑うこともなく「幸せは成功の先（延長線上）にある」などと思い込んでしまっているということにあります。

自分が掲げている「成功」という言葉と概念は大変に曖昧で漠然とした概念であり、しかも、「経済的な成立」と「自らが感じる幸せ」とは独立した全く別のものであるにもかかわらず、「成功」という曖昧で漠然とした一言によって、両者はあたかも同じ一つのものかのようにイコールで括られ使用されています。「経済的な成立」と「自らが感じる幸せ」、そして「成功」というこれら3つの言葉と概念には、当然にすべて違いがあるにもかかわらず、そのことを知らず、わかっていない上に、その「知らずにわかっていない」ことにすら気がついていないという、重層的なわからなさと気づきの欠如が、「成功」を

掲げる多くの起業家、経営者に起こっているのです。

「経済的成立」と「自らが感じる幸せ」

　これまでいわゆる「成功」という曖昧で漠然とした概念と言葉で語られていたものは、実は資本主義に基づいた経済上の概念であるところの「経済的な成立」を示すもののことであり、それは繰り返しお伝えしている、

　　資本を資産に投じ（投資し）、その資産から益（糧・富）を得る。この「資本を資産に投じて資産から益を得る良循環」を生み出し、その良循環を拡大再生産し続ける

という資本主義の構造（メカニズム）とルールに則り、資本主義とその上に立脚する経済の獲得を前提とした、あくまでも経済上のお話でした。

　ちなみに、その経済上のお話の場合においても、資本主義社会での「経済的な成立」を実現させるためには、そこには段階があること（詳しくは第7章）を知っている必要があるのですが、それを知らず、無理解で不明確なまま、「今、目の前のビジネスを大きくする！」（この「大きくする」も実は曖昧なのですが）や「今、目の前のコンテンツは業界をゲームチェンジさせる！」「今の売上

を〇〇する！」といったスローガンを掲げ、自らそれに
とらわれてしまっている起業家や経営者は少なくありま
せん。

さらには、資本主義社会での「経済的な成立」だけに
留まらず、オーナーシップ経営における最も重要で大切
な要素である**経営判断の基本や順番**なども知らず、「起
業家として」あるいは「経営者として」という言葉を枕
詞にしつつも、実際には「今の目の前のこと」や「自分
が得意であったり関心を向けたりしていること」に近い
分野だけに自らの時間と労力を投入し、資本主義におけ
る「ゴール」が何であるのかがわからないまま、目の前
の現実に追われるように突き進み、ひた走る、孤独な起
業家やオーナー経営者の姿を、私はこれまで数多く見て
きました。

このようなケースは、ビジネスや経営というものが経
済上の話であり、「経済上の成果の実現」＝「経済的成立」
という関係がわかっておらず、資本主義社会におけるルー
ルや、経済的成立の段階や、ゴールの姿が見えていな
いという、あくまでも「経済上の無理解」程度の話にす
ぎません。

しかし、私たちの人生には経済上の成果の実現である
**「経済的成立」以上に大切な、「自らが感じる幸せを生き
る」という大命題**があり、この「経済的成立」と「幸せ」

83

の2つについては、双方を独立したものとして別々に考察し、理解、洞察して、組み立てていく必要があるものなのです。

「世の中は金である。されど、人生は金じゃない」

　第2章の「信用」の正体のところでも述べたように、私たちが住み、生きる社会である資本主義社会は、お金を支払うことでその対価としてサービスや価値を得るという、「お金を支払う」ことによって得られる「信用」によってすべてが成立する仕組となっており、それはまさに「**世の中は金**」という構造として成立しており、私たちはその構造の上で日々を生きています。

　その一方で、「世の中は金」という資本主義社会の構造の上で生きる私たちは、「自分の人生を含め、大切な人や大切なものを大切にして、一度限りの人生を幸せに生きたい」と望んで日々を生きているはずで、その意味においては、「**大切なものを大切にする**」営みこそが「人生」と言えます。そして、その「"大切なものを大切にする"人生」を生きるために、「有効かつ効果的に働くツールがお金」であるという位置づけが、私たちの人生におけるお金との向き合い方として大切であると考えることから、私は、

「世の中は金である。されど、人生は金じゃない」

と、ことあるごとに申し上げてきました。

資本主義社会で「幸せに生きる」とは、まさに、**「経済的成立」と「自らが感じる幸せ」の双方を手にすること**であり、そして、そのためには「経済的成立」を手にする方法と「幸せ」を手にする方法が同一線上にあり、「経済的成立を得れば幸せを得られる」と考えるのではなく、ましてや「成功」なる曖昧で漠然としたものを手に入れれば叶うものなどではなく、**「経済的成立」と「幸せ」は別々のもの**であることをまずは理解し、そして、その双方を独立した別々のものであると位置づけて、それぞれに段階を設け、段階的に構築していくものであると理解することから始めることが何より大切になってくるのです。

無意識のバイアスが「不幸せの拡大再生産」を生む

ところが、「経済的成立」以上に大切であるはずの、「自らが感じる幸せを生きる」という人生における「幸せ」が、繰り返しになりますが、「成功」という曖昧で漠然とした言葉の同一線上、延長線上にあるかのように語られていることが多々あります。

そのために、多くの人々に、「成功してお金持ちになれば幸せになる」と、あたかも「成功⇒お金持ち⇒幸せ」かのように受け止められてしまっていることも、さらなる困惑と混迷に拍車をかけてしまっています。

今まで疑問を持つことすらなく使用されてきた「成功」という言葉が語られるとき、そこには、それを語る側も受け取る側も双方ともに、成功（そもそもこれがわかっていない）⇒お金持ち（そして、これもわかっていない）⇒幸せ（これについてはもっとわかっていない）という、「成功＝お金持ち＝幸せ」の図式が**無意識のバイアス**として働いています。そして、その無自覚で無意識に持つバイアスにより語られる成功物語は、語る側にも聞く側にも、「**不確かなものを追ってしまっていることに気がついていない不幸せ**」を生じさせてしまい、そのことに無自覚に語られる「成功」が「**不幸せの拡大再生産**」（人々が誤解したまま、その誤解や錯誤がさらに広まっていく）を起こしてしまっています。

言うまでもありませんが、「幸せ」とは本来、一人ひとりが各々に感じるものであり、それこそ「これが正解！」という唯一の答えなどは決してないものです。他方で、2020年代の現在、日本は資本主義という経済社会システムの上に成り立っていることから、その日本に住み、「幸せ」の実現を目指すに際しては、「資本主義のルールと

ゴール」を理解し、それに基づき、各々が自ら求める「経済的な成立」を実現すること、そして、「自らが感じる幸せな生き方と人生」を築くことの、この2つを各々別々に、かつ、同時に並行して構築しながら自分なりに統合していくことが求められているのです。

そして、この**「自分なりの統合」**を自覚的に、選択的に、段階的に構築できているとき、人は「幸せ」と呼べるものに近い感覚を感じることが日々の中で多く起こります。資本主義社会における「経済的成立」と「幸せ」のこの真相を理解し、手に入れることは、一度しかない人生を生きるのに大変有効であると、私はそう信じています。

第7章

「経済的成立」を
獲得するための
必須のツール

世界一わかりやすいBS/PL

資本を資産に投じて益を得る
良循環を生み出す
強力な思考フレーム

　第6章で「経済的成立」と「自らが感じる幸せ」が別であることはご理解いただけたことかと思いますが、ではその「経済的成立」を獲得するには、実際にどうすればよいのでしょうか。

　それにはまず、人生で得るほかの何かと同じように、自らが得たいと思っている、その対象の姿（正体）を知ることから始める必要があります。

　ここでもう一度、思い起こしてください。

　人生は「投資」である。

　そして、

　資本を資産に投じ（投資し）、その資産から益（糧・富）を得る。この「資本を資産に投じて資産から益を得る良循環」を生み出し、その良循環を拡大再生産し続ける。

　これが資本主義のルールであり、構造（メカニズム）であると知り、それに加えて、その良循環を一代限りのものではなく、数世代にわたって"確かなもの"として継いでいくことを可能とする、

　資産の承継を含めた「次世代への"確かな承継"」

　これこそが「資本主義における唯一で最終的なゴール」であって、「経済的成立」というものは、そこに至るまでの道のりの途中にあるものでした。
　この「新しい体系」の理解と実践を、ぜひこれから自らの事業、会社経営を通じて行っていただきたいのですが、この「経済的成立」とは一体何を指し、そして、資本主義におけるゴールへ至る道のりで、私たちはどのようにすればそれを実現できるのでしょうか。それを明らかにするのが本書の目的の一つであり、そのためにここで皆様に、あるツールを提示したいと思います。それが、これから詳しくご紹介する、

　「世界一わかりやすいBS/PL」

になります。
　これは、皆様よくご存じの財務諸表である「BS/PL」、

そのBS（貸借対照表）とPL（損益計算書）をやさしく
絵解きした考え方、フレームとして構成しているもので、
この思考フレームを身に付けることで、**「経済的成立」を**
正確に理解でき、自らの経済の状態を計測、把握し、そ
して、設計することができるようになります。

　というのも、今まで多くの書籍で示されてきた財務諸
表である「BS/PL」は、「貸借対照表」（BS）、「損益計算書」
（PL）などの語で表現されていることからもおわかりの
ように、日常ではなじみのない難解な熟語（専門用語）
と数値の羅列から構成されており、それら専門用語と数
値の羅列は、第2章（44頁）でもお話ししたように、そ
もそも論として、「理解」するには「頭の中にイメージ（映
像）が浮かぶ」ということを必要とする脳の機能にフィッ
トしない造りになっているものが多く、それが多くの起
業家やオーナー経営者の方が、特に「BS」に対して、理
解に苦しまれ、苦手意識を持たれている背景です。

　また、財務諸表である「BS/PL」は、それを使用する
経営の実務においては、そこに書かれている難解な専門
用語をまずは用語（文字）として理解していることはも
ちろんのこと、次いで、その専門用語と数値が何を意味
するのかを把握できることが不可欠になりますが、実は、
それ以上に大切なのが、その専門用語と数値の**「位置と**
動きとその連動」により**経営及び経済の状態**はもとより、

どのような経緯によってそのような状態（数値）となったのかがイメージ（想像）できることがBS/PLの真の活用法の第一歩で、そこに至って初めて「経済的成立」という概念を正確に理解できるようになります。

　このように、このBS/PLとは、自らの経営及び経済的成立の状態を計測、把握でき、自らが望む経営及び経済的成立を段階に応じて設計、実現することを可能とさせるのです。

　そのことから、本章でご紹介する「世界一わかりやすいBS/PL」は、多くの方が断念してしまう「まず、専門用語を覚える」「専門用語を理解する」からではなく、起業家やオーナー経営者などの実務家の実際の実務の際に必要とされる、脳の中で行われる「位置と動きと連動」からBS/PLを理解し、体得することを目的として構成されたツールになっています。起業家やオーナー経営者の方はもちろんのこと、資本主義社会で経済的成立を実現されることを望まれるすべての皆様にぜひ身に付けていただきたいと願っているものです。

富と糧の状態を計る「7つの箱」

　ここからは、図を用いながら解説していきます。

　次頁**図10**をご覧ください。

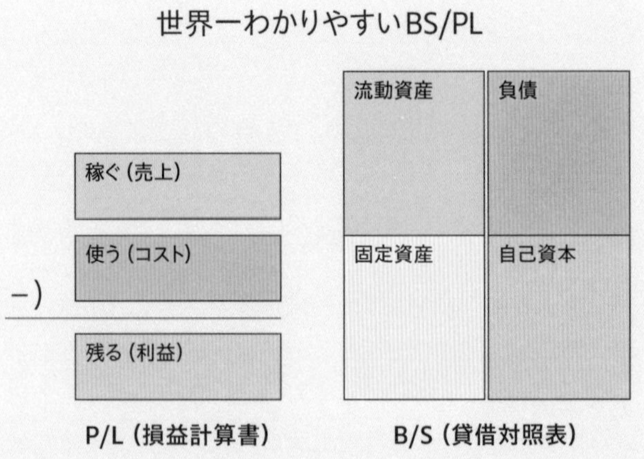

世界一わかりやすいBS/PL

稼ぐ（売上）		流動資産	負債
使う（コスト）			
−）		固定資産	自己資本
残る（利益）			

P/L（損益計算書）　　　　　　　　B/S（貸借対照表）

図10　富と糧の状態を計る「7つの箱」

PL（損益計算書）：売上P（緑）−コストL（赤）＝利益（青）
BS（貸借対照表）：（青）自分のお金　（赤）他人からの借入　（緑）現金や預金など　（黄）売ればお金になるもの。設備や自動車、不動産や他社株式など

　左側に上から下に縦に3つ。右側に4つの箱があります。これは、**富と糧の状態**（つまりあなたの経済状態）を計る「**7つの箱**」を表しています。

　左の3つが「PL」。右の4つが「BS」になります。

　「PL」は、算数の筆算と同じで、一番上の**売上：P**から、2番目の**コスト：L**を引き算して、残ったものが3つ目の青い箱の**利益≒貯蓄**になるという、上から下への縦の直線的な動きで表現されるものであることから、多くの方

が「あ、そういうことね！」とストレスなく「PL」はご理解いただけるかと思います。

　他方で、次の「BS」の動きは、一般的な日常生活で使用する思考習慣や脳の働き（回路）と違っており、若干厄介な動きをするものであることから、先ほども申しましたように、この「BS」の理解に苦しむという方が起業家やオーナー経営者の中にも多くいらっしゃいます。

箱の色の意味

　まず初めにお伝えしておきたいことは、この「世界一わかりやすいBS/PL」は、起業家やオーナー経営者は「実務家」であり、その実務家にとって必要なこととは、「使・えてなんぼ・・・・・」、つまり、使えて初めてツールとして意味をなす、という視点に立って構成されているものであるということです。

　その意味からも、机上のお勉強で用語を覚えるだけでは実務に耐えうるものにはならず、実務に限らず、自転車に乗ることも、野球のグローブを使用することも、包丁で魚をさばくことも「実際に使う」ということであり、「実際に使う」や「実務に耐えうる」ようになるには、繰り返しになりますが、脳の中で具体的にイメージできる＝「わかる」となって、初めて「使える」ようになると

理解しておくことが大切になります。

　そのことから、ここでは頭にイメージが湧きづらい難しい専門用語はいったん横に置き、私たちの生活に慣れ親しんだ色や形や動きなど、イメージが湧く言葉を使って、BSの解説を行っていきます。

　まず最初に、BSを覚えていくに際しては、BSの右下の「青の箱」から始めます。

　この右下の青の箱は、「**自分のお金**」になります。この右下は自分のお金であり自分のものになります。そして、この「自分のお金であり自分のもの」ということは、「安全」であり、そのことから、色は一般的に安全を象徴する「青」にしています。

　次に、右上の「**赤の箱**」。

　この赤の箱は「**他人からの借入**」、つまり「借金」が入るところです。他人からの借金は「返さなければいけないもの」であり、「間違った取り扱いをすると危険」であることから、色は「赤」にしています。

　次に左上「**緑の箱**」。

　この緑の箱には、「**現金や預金**。あるいは、今すぐに現金に変えられる**流動資産**」が該当します。色は森や自然などの「穏やかな状態」を象徴する色である「緑」にします。

　そして最後に、左下「**黄色の箱**」。

黄色の箱は、左上の緑の箱に比べて、「**今すぐ現金にできない（固定されている）もの**。けれど、売ればお金になるものである『**固定資産**』」を指します。例えば、機械や工場などの不動産、自動車などがそれに該当し、「売れなければ価値にはならない」ことから、評価には注意が必要ということで、色は「黄色」にします。

経済的成立の第1段階

それでは、ここまでの「7つの箱」とBS/PLの説明を踏まえ、「経済的成立」は、どのように実現されるでしょうか？

まず、次頁の**図11**をご覧ください。

図の左上に矢印があり、その矢印が下の緑**の箱**である①の「**稼ぐ（売上）**」に向かっています。

この①の緑の箱は「稼ぐ」により、売上（収入・給与）を得ている場所になり、その下の赤の箱②は、①で得た資金、あるいは、①を得るために「**使う（コスト）**」の場所になります。また、この②は、その一部を「投資」としても使用している場所でもあります。そして、その①で得た「稼ぐ」から②の「使う」を差し引いて残ったものが赤の箱の下の青**の箱**が示す、「**残る（利益)**」であり、そのPLで残った「残る（利益）」が、隣のBSの右下の青

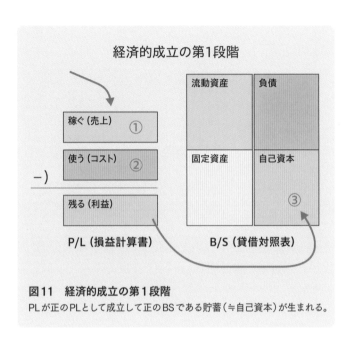

図11　経済的成立の第1段階
PLが正のPLとして成立して正のBSである貯蓄（≒自己資本）が生まれる。

の箱に移動し、③に正のBSである「**貯蓄≒自己資本**」が生まれるという、PLとBSの繋がりと関係を示しています。

つまり、この**図11**は、Pである「稼ぐ（売上）」からLである「使う（コスト）」を差し引いて「残る（利益）」が生まれた結果、

PLが正のPLとして成立して正のBSである貯蓄（≒自己資本）が生まれる

ということを表した図になります。

　この「PLが正のPLとして成立して正のBSである貯蓄（≒自己資本）が生まれる」ことが、まず経済的成立の第1段階になり、そして、この正のPLが成立して正のBSが生まれるためには、

　Ⓐ「正のBS（貯蓄≒自己資本）を構築する！」という明確な目的意識と決意を持って、
　Ⓑそれを実現する思考習慣と行動習慣に基づき、
　Ⓒ正のPLを成立させるPとLのコントロールとマネジメント力を身に付けること。

　これが経済的成立の第1段階をもたらすことになります。
　上記Ⓐ～Ⓒは経済的成立の基本のキでありながら、実は極めて重要なプロセスであるにもかかわらず、多くの方が「あ、わかっています」や「わかった、わかった」と、その真に意味するところと重要性を簡単にとらえて軽視しがちなことから、あえて以下に詳述します。
　Ⓐの「『正のBS（貯蓄≒自己資本）を構築する！』という明確な目的意識と決意を持って」についてですが、これは、多くの人が、「成功したい」「金持ちになりたい」「稼ぎたい」などといった、実は自分でも何を求め、何を掲げているのか「わかっていないことすらわかっていない」

ことに気がついておらず、不明瞭な状態で、それら「成功したい」「金持ちになりたい」「稼ぎたい」という言葉を掲げていることを多く目にしますが、それらは、目的地がわからずに「どこかに行きたい」と言っているのと等しいということを、まずは理解することが必要であることと、それを踏まえて、資本主義社会に住む私たちにとって、まずもってすべきことは、**1つ目の目的地として「正のBS（自己資本）を構築すること」**を明確な目的意識として掲げ、かつ、それに向かい自らの最大の資本である「時間」≒「人生」を投じるということを自覚的に選択するという意味の、明確な決意を表しています。

　次いで、Ⓑの「**それを実現する思考習慣と行動習慣に基づき**」とは、まず、Ⓐ「正のBS（貯蓄≒自己資本）を構築する！」という決意に基づき、「利益≒貯蓄≒自己資本」の形成の実現のために投じられる**最初で最大の資本とは自らの「時間」である**ことを明確に認識・自覚して、さらにその自らが投じる時間を"見える化"し、一日の終わりに、その日一日に使用した「自らが投じた時間とその中身」を振り返り、「自らの行動」と「自らの思考」は果たして「『正のBS（貯蓄≒自己資本）を構築すること』に向けられていたか？」と、自問と自己チェックをすることを「日常の習慣」にすることを指します。

　そして、Ⓒ「**正のPLを成立させるPとLのコントロー**

ルとマネジメント力」とは、P（売上・収入・給与）とL（支出）の双方のコントロールを指し、そのコントロールとは、PからLを差し引いたとき「正（プラス）」である利益が残るようにPとLのバランスをコントロールできていることで生まれる「利益≒貯蓄≒自己資本」を形成することであり、その意味するところは、その結果として**図11の③**である**自己資本**が形成されることを指し、実は、「正のPLを成立させるPとLのコントロールとマネジメント力」における**コントロール力**とは、「稼ぐ力をつけよ！」や「1円でも多く稼げ！」とPを増加させることだけを意味しているのではなく、むしろ「（いつでも支出を）縮小できる力」（＝コストを下げられる）により、常に「**支出（L）を稼ぎ（P）よりも少なくする**」ことにあります。

　この「支出（L）を稼ぎ（P）よりも少なくする」ということが、実は、PLのコントロールの第一歩であり原点であり、この力により「**貯蓄≒自己資本**」は生まれます。そして、**マネジメント力**とは、この「貯蓄≒自己資本」の形成に向かって、「毎月の預金額を決め、その決めた預金を先にしてから支出する」とすることであり、それを徹底かつ継続することであります。

経済的成立の第2段階

次いで、**図12**をご覧ください。

図12は、前述の経済的成立の第1段階である「正の
BSを構築する明確な目的意識と決意を持ってそれを実
現する思考習慣と行動習慣に基づき、PLを成立させる
コントロールとマネジメント力を身に付けること」によ
り生み出された、「**貯蓄（≒自己資本）**」である③を「金
・・
融資本」として、新たな「稼ぐ」である⑤を発生させる

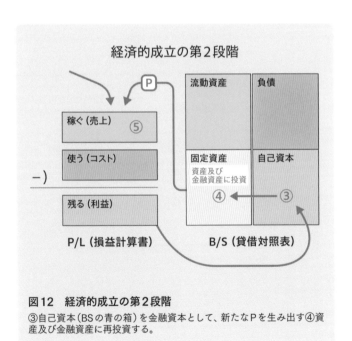

図12　経済的成立の第2段階
③自己資本（BSの青の箱）を金融資本として、新たなPを生み出す④資
産及び金融資産に再投資する。

Pを生み出すべく、「**資産及び金融資産**」に④**再投資**がなされており、これが**経済的成立の第2段階**になります。

経済的成立の第3段階

そして、経済的成立の第2段階で行われた「資産及び金融資産に再投資する」により生み出された新たなPである⑤を**図13**にあるように、再びP「稼ぐ（売上）」−L

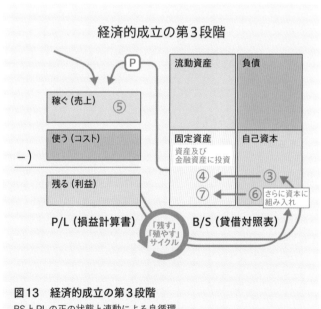

図13　経済的成立の第3段階
BSとPLの正の状態と連動による良循環。

「使う（コスト）」＝「残る（利益）」として残るようにして、⑥の「さらに資本に組み込む」とし、さらなるPを生み出す「資産及び金融資産」に⑦としてさらなる再投資をするという、「**BSとPLの正の状態と連動による良循環の拡大**」を構築することが**経済的成立の第3段階**になります。これはまさに、「**資本を資産に投じて資産から益を得る良循環を生み出す**」資本主義の構造（メカニズム）であり、「**資本主義のルールに則る**」とはこれを築くことを指します。

経済的成立を継続させる

　この構築された「BSとPLの正の状態と連動による良循環」をモニタリングし、メンテナンスしつつ、「稼ぐと使用と残ると殖やす（再投資）のサイクル（良循環）」のバランスをコントロールし、「BSとPLの正の状態と連動による良循環」の拡大が続くようにマネジメントを継続させること。ここに至って初めて**経済的成立という状態**が実現されます。

　「資本主義における唯一で最終的なゴール」である「次世代への"確かな承継"」に到達するには、この「経済的成立」には段階があるという事実を知り、金額の多寡ではなく、この「BSとPLの正の状態と連動による良循環

の拡大」が続くようマネジメントを継続し、その上で「稼ぐと使用と残ると殖やす（再投資）のサイクル（良循環）」のバランスをコントロールしていくこと。そして、この**マネジメントとコントロールを成立させる思考習慣と行動習慣を、脳と体に浸み込ませて体で覚えて身に付ける**ことこそが、「経済的成立」を継続させるための基本のキであり、原点でありすべてになります。

　そして、もうおわかりと思いますが、自らの「経済的成立」の状態を計測し、把握することで段階に応じた設計と実現を可能とする強力なツール、それが、「BS/PL」のフレームなのです。

　本書では、紙幅の都合もあり、「経済的成立」と「その段階」というBS/PLの真の活用法に入る前の入り口までの解説となってしまい心苦しく思っておりますが、私が提唱する「世界一わかりやすいBS/PL」のフレームは、自らの「経済的成立」の状態を計測し、把握することで段階に応じた設計と実現を可能とするとともに、「オーナーシップ経営」及び「資産から益を得る良循環」を築き続けるオーナー経営者必須のリテラシーである「BS/PL（財務諸表）」を世界一わかりやすく、そして真に理解し体得していただける、またとないツールであると自負しております。

　また、その理解に基づいた思考習慣と行動習慣をオー

105

ナー経営者として身に付けていただくことは、第4章（68頁）に記した、多くの起業家やオーナー経営者の方が抱いておられる「いくら稼いだら、いくらくらい使っていいのか？」や、削減すべきコスト、行うべきインベスト、使用していい消費と浪費の違いについての迷いを解消させ、皆様に「事業経営」における「稼ぐと使用と残ると殖やす（再投資）のサイクル（良循環）」のコントロールとマネジメントの実現をもたらすのはもちろんのこと、「経済的成立」を皆様が段階的に明示的に築くことを支えるとともに、「事業」を資産化（家）させることにも大きく寄与します。さらには、資産化（家）により「資産形成」した後の「資産運用」のベクトルにおける「事業以外の新たな資産への投資」であるところの「金融資本」による「資産及び金融資産に再投資する」から「資産から益を得る良循環」までを具体的に設計し、実現させることを大きく助けるものであると確信しています。

　本章の冒頭でも申し上げましたように、実体験を伴わない文字や文章といった言葉だけの説明による理解には脳が持つ機能からも限界があること、そして、「BS」の動きには、一般的な日常生活で使用する思考習慣や脳の働き（回路）とは違う思考を必要とすることから、この「世界一わかりやすいBS/PL」のフレームをより詳しく、脳の機能にもフィットする形で皆様に身に付けていただけ

る無料の動画をご用意しています。そちらもぜひご活用
ください。

> **無料ダイジェスト動画 URL・QR コード**
>
> https://life-is-investment.jp/basic-course-bspl-
> digest/

第 8 章

経済的成立の
その先へ

「次世代への"確かな承継"」
というゴール

承継は
「起業の時点」から
始まっている

「私はまだ起業して間もないので、今は "稼ぐ" に注力するとき」

「私はまだ40代（30代）なので、（事業）承継の話はまだまだ先で関係ない」

など、「今はまだ」「今ではない」「まだまだ先」と脳裏によぎられた方、思われた方にこそ、ぜひ、この章を読み進めていただきたく思います。

なぜなら、「承継に取り組まれた」あるいは「承継を終えた」という "先輩" 経営者の方々が口々に、

「もっと早くから準備しておけばよかった……」

「もっと若いときから始めていれば、人生が全く違っていた……」

と、ほぼ100％に近くそのように言われるからです。

そして、それら "先輩" 経営者の方々は、今のあなたと同じように「起業」「創業」「稼ぐ」に文字通り24時間365日を投じてこられた方々です。そして、業種、業態、業界の違いはあれど、すべての起業家やオーナー経営者

が通る道である「成長のベクトル」を、今のあなたと同じように歩み、進み、登り続けてこられました。

その方々が口をそろえて、「もっと早くから準備しておけばよかった……」と言われるのはなぜか?

以下を読み進めていただければ、「起業したばかり」「経営経験が短い」などの時期や経験や年齢は一切関係なく、その必要性と着手の緊急性を強く意識し、実感されることでしょう。

承継の笑えない現実

多くのオーナー経営者(一族)は、文字通り今日まで、まさに「人生を捧げてきた」その会社の承継を意識し、考える段階に至りつつある年齢に差しかかったとき、当然に「今日の自分があるのはこの会社があってこそ」「この会社を支えてくれているのは取引先、そして役職員があってこそ」と、「会社」というものを「自らが行ってきた事業」、つまり**会社=事業**と、「会社」と「事業」をイコールで結び付けて認識されています。

そのことから、「承継」ということを考えるとき、どうしても無意識のうちに、「息子(娘)にこの事業が務まるのだろうか……」「息子(娘)に皆がついてきてくれるだろうか……」と、現場実務や業務執行などの「事業運営

の能力」に目を向け、「その能力があるか？」と、**事業運営の能力の有無を意識的にも無意識的にも「承継の判定基準」にしている**方を多く見かけます。これは、「承継」を意識した方が通る道の第一ステップです。

　他方で、それらと合わせて「会社を継いでいく」とは「株式を渡すこと」という視点にも徐々に目が向きはじめ、「自社の株価」などを税理士ほかに相談しはじめて「株価算定」ということをし、自らの会社に「全くの価値がない」か、あるいは「自分が思っていた以上に価値がある」など、自分が保有する「**株式の資産価値**」というものに初めて意識と目が向きだします。そして、その結果、

①全くの価値がない、むしろ借金まみれである現実に愕然として「承継させることは苦しみを背負わせること」と、自らの代での**廃業を意識（決意）**する。

②自分が思っていた以上に、自らの会社の株式に価値があることを知り、驚きと同時に、今日まで積み上げてきた自らに誇りと自尊心を抱くなど、ある種の承認欲求が健全な形として満たされる感覚を持ちます。そして、それと同時に、「でも、我が社は株式公開しているわけではなく、この株式の価値（価格）は、売れない株の価値で、相続が発生したら、10ヶ月以内に納税資金を用意しなければならない。ということは、その際の相続資金などの資金は子供が背負うほかないのだろ

うか……」と、「**承継させることは借金を背負わせる
こと**」という現実を目の当たりにし、これまた自らの
代での廃業を意識、検討しつつも、「何かほかの道が
ないのか……」と、今まで「事業」だけに向けていた、
意識と熱量と時間を「承継」に使用しはじめ、注ぎ始
める。

③は②に似たケースで、「次は君に任せるから」と、創業
以来十数年、中には数十年の時間をナンバー2として
任せていた「後継者候補」がいる方も多く、社内外に「次
は〇〇君が社長」と当該者の本人はもとより、周りに
も話していたところ、前述②で記したように、自らが
保有する株式が思っていた以上の価値があることと、
その一方でそれはすなわち「相続の対象資産」となっ
てしまうことが明らかになり、そのことからそれは「タ
ダで他人にあげられる」ものではなく、後継者候補と
して考えていた人物に「株式を買い取ってもらう。し
かも、思っていた以上の高額な金額で」となり得る現
実に対して、その後継者候補自身が及び腰になること
はじめ、後継者候補の家族から反対が起こること、さ
らには、その後継者候補は、その会社の事業における
「職業的能力」はあるものの、実際には長年「サラリー
マン」をしてきていたことから「多額の借入」に対す
る大きな抵抗（不安や恐れ）が生じ、「**後継者候補に株**

式及び会社を承継することは現実的ではない」との判断に至る。

　といったようなケースが、オーナー経営者が「資産家期」の「承継」という出来事、現実、行為に歩みを進めたときに実際に生じる承継ステージでの"あるある"です。

資産承継と事業承継は似て非なるもの

　ここまでお読みいただいてお気づきの方もあるかもしれませんが、今までお話ししてきたケースはすべて、「資産承継」ではなく「事業承継」についての"あるある"です。

　実は、ほとんどのオーナー経営者の方は資産承継と事業承継の違いを理解されておらず、そして、「専門家」と称される税理士などの士業の方の多くも、言葉の定義としての「資産承継」と「事業承継」の違いはご存じであるものの、オーナー経営者の視点に立った「承継」の実際と実態から見た資産承継と事業承継の違いについて明確に理解されていない、というケースに多く出会います。

　「事業承継」には前述したように事業運営についての「職業的能力」などを必要としますが、「資産承継」にはそれら事業運営に関する職業的能力は必要なく、されど、それ以上に必要な別の能力が求められるのです。

　その一つが、自らに代わって事業運営及び資産の管理

運営を実現してくれる人々に対して「オーナー家の一員として（一人の人間として）心からの敬意を示せること」や「それらの人々との継続的な信頼関係を形成できる力」になります。私はそれを「**オーナーシップマインド**」に基づく「**オーナーシップコミュニケーション**」と呼んでいます。

そしてさらに、「資産」を承継することから、「資産を管理・運用する能力」もまたオーナーとして必要とされ、それらの知的ナレッジであるところの「**オーナーシップリテラシー**」が合わせて求められます（次頁**図14**）。

このように、「事業承継」と「資産承継」では、「持たなければならない能力や力の違い」があり、それらは「受け継ぐ側」に求められる能力の違いや力の違いになります。

それを踏まえて、ここで極めて重要な理解があるのですが、従来言われてきた「継がせる」とは、そもそも論として、この事業承継と資産承継を分離せず、「**すべてを一人に継がせる**」という思考フレームで思案されてきたものであることと、さらに、その思考フレームは「**受け継ぐ側**」の視点に立った思考フレームではなく、「**受け渡す側**」の視点だけに立った思考フレームで思案されていたものだった、ということです。

激変が指数関数的に加速し続け、その複雑性が高度に増大していく今の時代において、事業に求められる職業

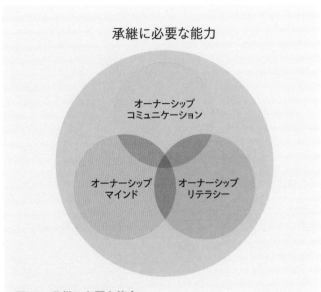

承継に必要な能力

オーナーシップ
コミュニケーション

オーナーシップ
マインド

オーナーシップ
リテラシー

図14 承継に必要な能力

事業運営及び資産の管理・運営を実現してくれる人々に対して、オーナー
家の一員として（一人の人間として）感謝と敬意を感じて心を配ることの
できる「オーナーシップマインド」。
オーナーとして資産を管理・運用する能力の知的ナレッジである「オー
ナーシップリテラシー」。
そして、それらを用いて、関係各位と継続的な信頼関係を形成できる力
である「オーナーシップコミュニケーション」が求められる。

的能力の研鑽の連続だけでなく、資産を持ち、オーナー
シップを持つオーナー家として、資産マネジメントに始
まるオーナーとしての能力の研鑽の連続を、同時に一人
の人間が担っていくことは、その求められる能力が複雑
かつ高度であることを考えれば、極めて難しいことはお

わかりいただけたかと思います。

　また、それらを実際に担い、実現していくのは「受け継ぐ側」であることから、その「受け継ぐ側」が持つ資質や能力に始まり、「受け継ぐ側」の視点に立った思考フレームで「承継」のプラン設計やスキームの構築に取り組むことが、望む形の「承継」を実現させるか否かを決することになります。

　仮に、それらを無視して、「事業承継」と「資産承継」にまつわるこの真相の理解と認識を新たにすることなく、「受け継ぐ側」の資質や能力に沿った「承継」を組み立てることなく、何の分別も計画もなく、「継がせる」などという方針にすらならない曖昧な概念や言葉を掲げるだけで、440万社もある日本の企業のすべてで、望む形の「承継」が起こり得ることは、論理的にも統計学的な観点からも不可能であることは自明であると言わざるをえません。

　しかし、心配はご無用です。オーナー経営者の、最後の、そして真価が問われる最大の仕事である「承継」に関しても、そのプロセスごとに必要なフレームを、段階的に、継続的に学び、「生まれ持った特別な能力」などの属人的なものとしてではなく、「再現性と確度の高い方法」として知的に身に付けることで、望む形の「承継」を構築し、実現することは可能だからです。

　そのために、まず知っておいていただきたいことは、

①資産承継と事業承継は「求められる能力」が違う
②事業承継は資産承継の一部

　という事実です。
　というのも、会社経営という事業活動に対して「株価
算定」という資産としての評価を行うと、途端に「会社
は資産だったんだ」と、今までの「『稼ぐ』を行う活動の
場」であった「**会社＝事業**」という認知・認識から「**会
社＝資産**」との認知・認識への概念の飛躍が一気に起こ
るからです。
　他方で、その「資産」には、資産承継に係る税である
ところの相続税や贈与税という「納税」が承継とほぼ同
時に発生するという現実が控えている事実を知ることに
なります。「会社を承継する」には、「事業の内容を引き
継ぐ」などの実務面とは別に、受け渡す側にも受け継ぐ
側にも「金銭の授受から始まり納税までの『キャッシュ』
の準備と必要性」という現実に直面します。
　このことから、「承継」を意識・検討し始める多くのオー
ナー経営者の方々は、「今いるこの役職員が今後も共
に……」や「我が社の事業の今後は……」や「この事業
の未来は……」と、事業の先々（行く末）に目を向けが
ちなのですが、それよりも近い将来に「待ったなしの現
金の準備」が待っており、その現金の準備も含め、「**事業**

図15　事業承継と資産承継
①資産承継と事業承継は「求められる能力」が違う
②事業承継は資産承継の一部

承継は資産承継の一部であった」（図15）という事実に気がつかれることから、繰り返しになりますが、

　①資産承継と事業承継は「求められる能力」が違う

　②事業承継は資産承継の一部

　ということを、改めて申し上げたいと思います。

オーナー経営者だからこそすべきこと、できること

　皆様ご自身、おぼろげながらにお感じになっていることと思われますが、事業会社を経営するオーナー経営者は、事業会社の経営と合わせて、実は、創業から今日まで数

十年、中には半世紀ほどの自らの人生を「**オーナー経営者"業"**」という「仕事」に投じられている「職業：オーナー経営者」の方でもあります。そして、そのオーナー経営者"業"を職業とされるオーナー経営者の方々は、その多くの方がお気づきになっていないのですが、経営者として自らの事業を成立させることと合わせて、実は、「**24時間365日、その会社が存在し続けるための資金の担保**」という「**最大の仕事**」をオーナーとして行っているのです。

　そして、それと同時に家族や一族の住居に始まる衣食住だけでなく、「家族（時に親戚などの一族までも）の生活と人生を成り立たせる」**家族・一族の長**を担われている方も少なくありません。そのことから、それら家族・一族が必要とする学費に始まる様々な「資金の援助」や、家や車などの購入である「資産の購入」に際して、何らかの支援や援助をされることがご自身の人生で相当数起こり、自らも気がつかないうちに「資産」なるものと数多く、そして、深く関わり続けていくのです。

　しかし、残念なことに、ほとんどのオーナー経営者の方が、このような事実に気がついておらず、あるいは意識化できておられないことから、自らが関わる「資産」の多くが、管理されずにバラバラとなっていたり、不良資産のようになっていたり、資産が「散財」かのようになっている姿に多く出会います。それら資産に関わり、

資産を購入・入手する前に、オーナー経営者だからこそ「すべきこと」と「できること」があり、それは、「起業したばかり」「経営経験が短い」などの時期や経験や年齢は一切関係がありません。オーナー経営者の皆様が得意かつその力によって今日を築いてきた、「今すぐに」「即行動」「即やる」で「できること」があるのです。

人生で多くて2度しか出会わない「承継」の真実

実は、資産承継（含む事業承継）というものは、一人の人生で多くても2度しか発生しないものです。これは「会社を売却する」などの事業や会社をM&Aで売却する「Buy Out」とは違い、「承継」は「**自分が受ける側の場合**」と「**自分が渡す側の場合**」の最大で2度になります。そのことからもわかるように、仮に「私は40年以上経営を続けてきた」という、経営の熟達者を自任される方も、「経営の熟達者」ではありますが、こと承継に関しては「初めての人」なのです。

ちなみに、これら経営の熟達者や"先輩"経営者からの助言やアドバイスを受ける機会の多いものとして、「資産承継」のベクトルの2つ前のベクトルである「資産形成」のベクトルに関するアドバイスを受ける機会があるかと思います。

その「資産形成」のベクトルでは、大きくはIPO（株式公開）とM&A（合併・事業譲渡）という２つの手段を選択することで「資産形成」が実現されますが、それらは共に「選択肢」であり、その選択に際しては、自らの企業の特徴や保有するリソースと、それら手段との相性や親和性の良し悪しにはじまり、そして何よりも大切になってくるのが、そのオーナー経営者自身の経営観や人生観といった生き方や志向によりその選択肢は当然に違ってくるものなのです。ところが、ことIPOやM&Aについて語られるとき、それらが「選択肢の一つ」であるにもかかわらず、IPOを経験したという人は、自らがIPOを経験していることから「IPOすると良いよ」と、IPOばかりを他の人や後進に勧めるようになってしまっていたり（中には「会社経営をしていてIPOを目指さなければ経営者じゃない」などと極端な発言をされる方もいらっしゃいます）、他方でM＆Aをしたという人は、「いやいや、IPOなんか大変でさ〜、M＆Aのほうがいいよ」とM＆Aばかりを勧めたりします。

　しかしです。お医者さんでもどんな分野でも「専門」があるように、一口にM＆A、IPO、事業譲渡、株式譲渡などと言っても、それら「資産化（家）期」の「資産形成」のプロセスにおいては、IPOにせよM&Aにせよ、そのいずれの手段を選択した場合でも、その手段ごとに

プレーヤーが存在しており、そのプレーヤーの中には、真の専門家やプロフェッショナルと呼べる人財にはじまり、報酬目当てと言いたくなるような動きをする「業者」まで含まれています。

ところが、それら「資産形成」のベクトルで出会うプレーヤーは、一様にして「IPOを専門として——」や「M&Aを専門に——」などと、自らの会社名と合わせてプレイフィールドを前面に出した自己紹介をすることから、ともすると「IPOの専門家の方なんだ……」「M&Aの専門家の方なんだ……」など、すべてのプレーヤーをその道の「専門家」と思ってしまいがちです。

しかし、実は、それら「専門として——」といった彼らの発言は、正しくは「特化して活動しています」を意味する「特化して」を「専門として」と言っているにすぎず、それらプレーヤーには、**その手段ごとに強みを発揮する得意な資産化の形態やプレースタイルの違いと、「専門家」「プロフェッショナル」と呼べる人財かあるいは「業者」と呼ぶしかない人材かという質とレベルの違い**が存在します。

つまり、資産化（家）期の「資産形成」のベクトルに関わるプレーヤーにも、自らの経営観や人生観を理解して、その実現と、自らの企業の価値を最大限に高めて資産化させてくれる真の専門家やプロフェッショナルと、厳し

い言い方になりますが、自己の報酬のためだけに動く「業者」が混在しているのです。

　自らの経営観や人生観の実現と共に、企業価値を最大限に高め資産化してくれる真の専門家やプロフェッショナルと出会え、力を借りることができるか否かは、それらプレーヤーにも、強みやポジショニングにはじまって質やレベルの違いがあることを、オーナー経営者自身がしっかりと理解していることが肝要になります。

　しかし、ほとんどの方にとっては、「資産化（家）期」の「資産形成」ですらそのような違いや現実があることを知らず、とりわけ「資産承継」に至っては、「人生で多くて２度。実際には人生で１回起こるか起こらないか」という出来事である事実もあり、「そこに違いがあることすらも知らずに……」ということが数多くのオーナー経営者とそのご家族、ご一族に起こっている現実があります。

釣りはバケツと水槽の準備から

　それでは、何を「今すぐに」「即行動」「即やる」ですればよいのか。そのお話を具体的に申し上げる前に、目指す行動をよりイメージしやすくし、そして、皆様のお子様はじめご一族の皆様にも継いでいただきたい物語

（隠喩）として、今から20年前に私がスイスでファミリーオフィスを経営される敬愛する友人から学んだ言葉をご紹介し、皆様とも共有させていただきたく思います。私にとってその言葉は、現在の私の仕事と立場に多くのインスパイアを与えてくれたかけがえのない言葉となっています。

　ある時、その友人は、こう言いました。

「Yoshi-san。魚釣りをするときに大事なことは、良い餌と良い竿が大事なのではなくて、さらには漁場すらも大事なのではなくて、最も大切で大事なことは、『釣った後のバケツに穴が開いていないことと、そして、それを持ち帰り生かして育てられるいけす』を釣りに出かける前に、準備して持っておくことだよ……」

　と。

　このお話は、「バケツ」と「いけす」という「釣った後の『機能』」を用意しなければ、釣りに行って魚がたくさん釣れたところで、「いっぱい釣れたけれど、魚を持って帰れず、海に戻してしまいました」や、あるいは、「釣った魚は死んでしまいました」といった事態を引き起こしてしまう、ということを物語っています。そして、この「バケツ」と「いけす」とは、実は、これが後述する「資産管理会社を活用したスキーム」というものに該当し、「養殖」とは「その資産管理会社で銀行口座や証券口座

を開設し、収益を得たものを殖やし、継いでいくこと」
を意味します。

　釣った魚を生かし次に活かしていきたいとするならば、
そこには、釣る≒稼ぐだけではなく、「稼いだものを管
理する」という機能であるところの**「資産管理会社の設
立」から始まる、「資産管理会社を活用したスキーム」**と
いうものが必須になります。

　オーナー経営者の皆様にとっては、日々、全身全霊で
取り組まれている、自らの事業と組織作りの格闘の連続
と同時かつ並行して、この「資産管理会社を活用したス
キーム」を構築し続けることも、オーナー経営者だから
こそすべきことであり、そして、できる「仕事」である
のです。

即設立！資産管理会社

「資産管理会社」と聞くと、「創業した企業が上場会社
となり、その上場会社の株式を保有するための管理会社」
とお考えになられる方が多くいらっしゃいます。しかし、
私は、以下のように述べています。

「伴侶を持ったら資産管理会社を創りましょう」

「お子様が生まれたら即座に資産管理会社を創りましょ
う」

「すでにお子様がいらっしゃるなら、今すぐ資産管理会社を創りましょう」

と。

皆様が「稼ぐ」ということをしているとき、そこには2つの事実が発生しています。1つ目は「稼ぐ」ということと直結する「売上あるいは所得が発生する」ということで、これは当たり前のこととしてご認識されていることと思われますが、実は2つ目こそが大事なのですが、多くの方がこの2つ目の事実を明確に自覚しておられません。その事実とは、

「その間にも『時間』が経過している（時間を投じている）」

になります。

これは、何を意味するのかというと、「あなたが働いて稼いでいる時間に、稼いだものは実は『資産』として積み上がっており、そのマネジメントに取り組まないことは、それが相続という時が訪れた際に、取り返しのつかないほどの『準備不足』を起こしていることになっている」ということです。そして、これをマネジメントし、コントロールし、その憂き事態に備え、設立すべきものが「資産管理会社」なのです。

皆様は今まで多くの「即行動」「即やる」によって今日を築いてきたオーナー経営者の方です。その皆様がお持ちの高い能力である「即行動」「即やる」の力で取り組んでいただきたいことが2つあります。その1つ目が「**資産管理会社**」**の設立**です。

　これは、即、設立できます。約20万円程度の実費と、15万円程度の手数料（司法書士などへの報酬）程度で、です。まずは今すぐ、この資産管理会社を設立なさってください。

　具体的な「バケツといけす」（資産管理会社）がないところに望む資産承継は起こりません。

　続いて2つ目が、1つ目の資産管理会社の設立以上に重要になるのですが、

　資産管理会社の設立はじめ、それら資産承継を含め「資産」に関して、考え、検討し、行動する**「時間」の確保**

になります。

　なぜなら、皆様が今日を築き上げてきたのには、「今すぐに」「即行動」「即やる」の力と合わせて、そこに「大量の時間」を投じてこられたはずで、その「大量の時間」とは「1日24時間、1週間は168時間」になります。その1週間の168時間のどこかに「定期的な固定された時間」

としての「時間」を確保していただきたい。それこそが、皆様が望まれる資産承継を時間と共に積み上げていきます。

「朝、1時間早起きして、1時間その時間を取る」

「週末の家族と過ごす時間の前に2時間早起きして、その2時間をその時間に当てる」

　など、今、この本を一度閉じていただいて、持ち前の「今すぐに、即行動」の力で、そのための時間をどうぞ予定表に確保なさってください。

専門家やプロフェッショナルによる
スキーム構築と管理運営

　自分のお子様（時にお孫様）の資産管理会社を創ったその次には、銀行口座や証券口座など金融投資を含めた、資産への投資を可能とする準備が必要になります。そして、この後にこそ、最も重要になる、専門家やプロフェッショナルのチームによる、

　①スキーム構築

　②計画の実施

　③その継続的モニタリング

が必要になります。

　ご自身の「会社の規模」「家族構成」「ご自身や家族が

持つ資産の種類と規模」「次の後継者は決まっているのか？」「依頼者自らは『受け渡す側』なのか？　『受け継ぐ側』なのか？」など、そのスキーム構築に際しては、まさに人の数、家族・一族の数、相談の数だけ「目的」とそれを実現する「最適なスキーム」が理屈上存在し、その組み立てには、**千差万別、無数のバリエーション**があります。そして、その目的とスキームに応じて「運用方針」の策定にはじまり、「投資対象」及び「マーケット」の峻別から「運用手法」や「マネジメント手法」も変わり、どのようなチームでそれらを実現していくのか、専門家やプロチームの関わり方や形が異なってきます。

　また、それら専門家と上記①〜③のようにスキーム構築から始まり、計画の継続的なモニタリングを行うことは当然に極めて重要なことではありますが、それらスキームの管理運営よりもさらに重要かつ肝になり、最も時間を必要とし、そこにこそ投資すべきポイントが、「**オーナーシップリテラシーの教育**」であり、それと併せて「**オーナーシップマインドの承継**」になります。

　承継のスキーム構築やその後の管理運用は極めて重要であることは言を俟たないことでありますが、それらスキームの基本構築は数年で構築されるのに対し、それを「**数世代にわたって管理運営していく**」ことこそが、実は「承継」の目指すところであり、事実であり、実際です。

そして、それを実施していくのは、それら専門家やプロフェッショナルの助力を受けつつも、「自らの承継者（子供や孫）」にほかならず、その自らが選んだ承継者への「オーナーシップリテラシーの教育」と「オーナーシップマインドの承継」に、力と時間を注ぐことになります。そして、これこそが資本主義の唯一で最終的なゴールである「次世代への"確かな承継"」に近づくことのできる道筋なのです。

「次世代への"確かな承継"」を築き上げる土台

　この「オーナーシップマインド」や「オーナーシップリテラシー」という言葉を初めて聞いたという方も多くいらっしゃるかと思います。

　何代にもわたって承継を実現してきているエスタブリッシュメントファミリーでは、その承継していく資産に関する専門知識である「オーナーシップリテラシー」や「専門家」を要していることは当然に必要不可欠なことでありますが、それらエスタブリッシュメントファミリーが、エスタブリッシュメントファミリーとして、**永らく承継を続けられている最も重要かつ根源的な理由と要素と力**とは、実は、「オーナーシップマインドとオーナーシップコミュニケーション、そしてオーナーシップリ

テラシーの"教育の承継"」にこそあります。

そして、「オーナーシップマインド」や「オーナーシップコミュニケーション」とはどのようなことを指すかというと、一言で言えば、皆様及び一族を支えてくれる「専門家」や「プロフェッショナル」といわれる方と「**信頼関係を作ることのできる、人やモノやコトへの向き合い方**」と言えます。

また、「オーナーシップリテラシー」とは、まさに今まで本書を通じて申し上げているオーナー経営者または一族として必須の知的リテラシーであり、知的ナレッジのことで、それをお子様やお孫さんが持てるように、学んでいただく経験を知的に段階的に積み上げることになります。

なぜ、これら「オーナーシップマインド」やそれに基づいた「オーナーシップコミュニケーション」が必要かつ重要であるのか？　その理由は簡単で、エスタブリッシュメントファミリーを支えている真の専門家として活動・活躍するプロフェッショナルは、「支えている（尽くす）側」である一方で、「求められている側」でもあり、「自分もお客様、お相手様を選ぶことができる」という立場とステイタスにあるからです。

先にお話ししたように、複雑性が高度に増大していく激変の時代に、一人のオーナー経営者が、事業に求めら

132

れる職業的能力と資産マネジメントに始まるオーナーとしての能力を合わせ持つことは現実的ではなく、事実上不可能でした（本章116頁）。

　ということは、全国に約400万社のオーナー企業が存在し、あなた以外に1000万人を超えるオーナー経営者、オーナー一族がいる中から、「次世代への"確かな承継"」を共に実現してくれる真の「**専門家**」や「**プロフェッショナル**」にあなたの承継者とその一族を選んでもらうには、オーナー経営者及びその承継者に「相手と"信頼関係"を作ることのできる、人としての人やモノやコトへの向き合い方」であるところの「オーナーシップマインド」やそれに基づく「オーナーシップコミュニケーション」が求められ、必須となることは明らかでしょう。

背中で見せながら言葉でも

　この「オーナーシップマインド」と「オーナーシップコミュニケーション」については、知的学習に馴染みやすい「オーナーシップリテラシー」と比較した場合、知的な理解よりも「**体得されているか否か**」が問われるものとなり、知的な学習や理解だけでは実現できない「承継の真の実務」にもなります。

　その「体得」と「承継の真の実務」をイメージしてい

ただける一つの出来事として、今から5年ほど前に、私が主宰するオーナー経営者の勉強会の合宿での体験をお話ししたいと思います。

　参加されたあるオーナー経営者の方が、お連れになった大学生くらいのご長男に、「社会人として目上の人たちといるときにどういうところに目を向けなければならないのか」や「多くの専門家や様々な支援者に力を尽くしてもらうのにどういうところを見て、見えなければいけないのか」といった、オーナー経営一族のまさに「オーナーシップマインド」と「オーナーシップコミュニケーション」の部分について、背中で見せながら言葉でも語られている姿を、私は拝見したことがあります。

「いいか〇〇、年齢や立場に関係なく、特にこういう集まりのときは、目の前の方が『何を見てらっしゃるか』と、相手の『見ている先にある世界や景色』を考え、想像するんだぞ」

「おまえ、今の△△さんの××を見ていたか？　あそこが見えていたか？」

　など、その瞬間瞬間を切り出してご子息に尋ねられている姿を見て、早くに父を亡くし、そのような承継の「触れ合い」を受けてこなかった私は、個人的にも「こういう親子いいな、素晴らしいな……」と感じ入ったものでした。

　また、ある創業オーナー経営者の方は、次代を託されるご令嬢に対して、「いつも、パパが『相手を良く見なさい』と言っているのは、君が相手を見ることだけを言っているのではないんだよ。その意味するところとは、同時に、『君自身も相手からも見られている』ということを言っているのだよ」などとおっしゃっていたのは、まさにオーナー一族としての「オーナーシップコミュニケーション」の重要性を説かれている瞬間になります。

　このように「オーナーシップマインド」と「オーナーシップコミュニケーション」については、自らのオーナー経営者としての経験から薫陶しようと尽力されているオーナー経営者の方も一部にはいらっしゃいますが、それと合わせて「オーナーシップリテラシー」の「知的な承継」≒**「再現性の高い知的な学びを体系的に段階的に行う」**ということを自覚され、そこに力を注がれている方に出会うことはなかなかありません。

　なぜなら、実は、承継という一族の歴史に関わる行為自体が持つ重大性や秘匿性から、承継を経験されたオーナー経営者や一族の方は、それらを軽々に他者に語ることはなく、承継に関わったプロフェッショナルも同じく語ることがなく、当然に業界団体の会合やセミナーなどで情報が共有されるようなものでもなく、ましてやインターネットやSNS等で検索などできないブラックボッ

スのようになっており、オーナーシップマインドにはじまり、オーナーシップコミュニケーションやオーナーシップリテラシーなるものが存在する事実や、そのような承継に必須のテーマがあるといったことを知る機会が、ほとんどのオーナー経営者には与えられていないからです。

あなたの一族に最も適したプランやスキームか？

また、前述のブラックボックスのようになっている問題とは別の問題として、事業承継あるいは資産承継のプランやスキームの多くは、それなりのレベルの税理士法人や金融機関、そしてプライベートバンクなどの高度な金融機関が作ったものであることから、最も経済合理性が高いように思われがちですが、実のところ、それらの多くは絵に描いた餅の如く、「あなたの一族に最も適したプランやスキームとなっているか？」と問われると、そうではないものも多く見られます。

その理由の一つに、それら承継を専門としていると自称される税理士や金融機関やプライベートバンクなどには、先ほども申し上げたように「あなた以外のお客様」も存在し、「プランやスキーム」を既製服のように切り売りしている実態があり、「このプレゼンテーションのプランやスキームに乗りますか？　乗れば○○万円です」

と、あなたやあなたの家族・一族になされるプレゼンテーションは、あなたの家族や一族にとって最も適したプランやスキームにまで昇華されたオーダーメイドのプランやスキームではないプレゼンテーションがほとんどになります。

実際に、プランやスキームが真に功を奏するには、そのプランやスキームの実施後こそが最も重要で、「そのプランやスキームは我が家、我が一族にとって現実的か？そして、運用に乗るか？」という、**「承継実行後の実際の運用の想定から組み立てられたプランやスキームの構築」**が最も重要かつ肝となり、その一族の承継候補者や後継者の資質や向き不向きに始まって、会社経営や社会人としての経験や人との関わりに至る、人となりと経験智こそが最も変数の高い項となり、それらがプランやスキームの「実現度」を左右し、決定づけることとなります。

その最も変数の高い項の核の部分が、**「オーナーシップマインドとオーナーシップコミュニケーションとオーナーシップリテラシーの有無」**であり、この差こそが**「承継の成否を分ける最重要かつ最も影響を及ぼす力の差」**であり、「次世代への"確かな承継"」を実らせるか否かを分かつのです。

ある大奥様の遺言書

「オーナーシップリテラシー」に関しては、本書を通じて、特に第2章から第5章までの「オーナーシップ経営」と、第7章の「経済的成立」の継続についてと本章をご理解されれば、「再現性の高い知的な学びを体系的に段階的に行う」という知的ナレッジの基礎の修得は可能です。

それに対して、「オーナーシップコミュニケーション」の核（土台）となる「オーナーシップマインド」の方は、知的な学びも必要になりますが、オーナー経営一族としての日々の瞬間瞬間の判断や対応やコミュニケーションに表れる基本的なモノやコトや人との向き合い方の姿勢となるもので、一朝一夕に、そして知的な学びだけで身に付くものではありません。

この漠然として摑みづらい「オーナーシップマインド」の研鑽と醸成にお役立ていただくイメージとして、私がゲートキーパーとしてお仕えしているあるオーナー経営一族との出来事を記して、この章を締め括りたいと思います。

一族のご当主の遺言書の作成が終わり、次いで大奥様の遺言書を作成したときのことでした。遺言書の付言を私が記すお役目をいただき、合計で10時間ほどに及ぶインタビューを約10頁にまとめた原稿にして、大奥様にお見せしたとき、大奥様はいつものように、明るく、そし

て少しの冗談を交えながら温かな労いの言葉をください
ました。

「福井さん。ありがとうございます。私の話は、あっち
に飛んだり、こっちに来たりで、まとまりないのを良く
ここまでまとめてくださいました。本当にありがとうご
ざいます。これで安心してこの世とお別れできますね」

　そして、その言葉に付け加えて、大奥様は、

「福井さん。この大作なのだけど……、1ヶ所だけ修正
をお願いできますか?」

　とおっしゃいました。私がどこの箇所であるかを伺う
と、

「冒頭の子供たちへのメッセージに書かれているこの『あ
なたたちを子供として授けていただいて……』の箇所な
のだけれど、これを『預けていただいて……』に替えて
いただけますか?」

　とのことでした。

「預けていただいて……。お子様をですか?」と、すぐ
には理解できずに質問する私に大奥様は、

**「子供は『授けていただく』ものではなく、『預けていた
だく』ものなのです。**

　なぜなら、

**　子供は生まれたその瞬間からその子にはその子の人生**

があり、その子が生きていく人生の一時を親として預かるのだから……。

　ですから、『授かる』でなくて『預かる』なのよね」

　と、いつもの穏やかな口調で、当たり前のこととして、「子は授かるものではなく、預かるもの」と明言されていました。

　なぜ、このお話をさせていただいたかというと、実はこのご一族は、この大奥様だけではなく、一族の皆様が、「私たちの事業と資産は私たちのものではなく、先々代以前からの、そして、先々へお渡しする『預かりもの』」と、「承継」に対して一切ブレることのない基本姿勢であるところの「オーナーシップマインド」をお持ちで、そのような「預かりもの」という基本姿勢が「マインドセット」としてご自身に根付いておられ、感覚を超えた「当たり前」としてお持ちであるからこそその「その一瞬」「その一語」の違いとなり、このようなレベルにまで昇華されたものが「**オーナーシップマインドの真の姿**」であることをお伝えしたいと思い記しました。

　私は10年ほどの時間をこの一族にお仕えさせていただいていますが、ご家族だけではなく、一族でのトラブルや争いごとがほぼ起こらず、オーナーシップリテラシーの知的な学びを承継するだけで「永く続く」を実現され

ている姿を目の当たりにしてきました。

このように「永く続く」の核、源流、原点、土台に流れる基本の姿勢であり哲学、これこそが「オーナーシップマインド」です。

ちなみに、家訓、家族憲章、ファミリーガバナンスなどといわれるものは、実はこのオーナーシップマインドを表す一部であり、「それを創ったから承継は成功する」などというものではないのです（ただし、「承継」を末永く続けていく最低限の用意として、家族憲章やファミリーガバナンスを持つことは必須であることに変わりはありません）。

この「オーナーシップマインドの承継」があることの上に、「オーナーシップリテラシー」を「再現性の高い知的な学びとして体系的に段階的に学ぶ」ことにより、「事業承継を含む資産承継」が実現されるわけで、**このオーナーシップマインドの承継とオーナーシップリテラシーの教育こそが、真に承継を実現させるか否かの最も重要なポイント**であり、資本主義における唯一で最終的なゴールである「次世代への"確かな承継"」を実らせます。

この承継という「行為」と「現実」に真に向き合うことは、「自らが去った後」からの視点で、事業、資産、そして、「家族と一族のあり様と未来」を想像することに

向き合うことから、人生、事業、経営、資産、価値など、それらすべての「見え方」が、それ以前とは全く異なることが「ご自身」に起こります。

　それ以前の、「自分」「自分の」「自分が」「私」「私の」「私が」と、自覚無自覚は別として「自分」を「主語」とし、「自らと自らの世界を拡大し続ける人生」を生きていた自分と、それがまさに重なるかのように、飲み込まれていた「留まることを知らない拡大再生産を運動体として続ける資本主義」とを、自ら切り離すことができるようになります。

「自らが去った後」からの視点により、承継という「行為」と「現実」に真に向き合い、取り組むことは、「自らの限り」を知ることとなり、「確かなもの」と「不確かなもの」が「人生」と「世界」には存在することが、自らの「人生の中」で「実感」を伴ったものとして、改めて（ある意味初めて）明らかになります。

　そして、その「実感」を伴ったものとして、それらの峻別を始めることに自らの智（すべての経験智）と時間を投じることで、「確かな承継」は確度高く実現されるのです。

「幸せ」に生きる

一度しかない「ありがたい人生」を
私らしく築く

振り返れば、20代前半に起業した私自身、実は、成功哲学などの「成功」を冠した書籍を貪るように読み漁り、愛読し、「目標設定」の重要性と「信念を持って進むこと」の大切さを知る恩恵を受けつつ、「成功」という漠然とした曖昧な言葉を自らも掲げ、それが漠然とした曖昧なものである認識も自覚もなく追い求めていました。

　そして、その姿とは、「成功者」として取り上げられる他の人々と自らを比較して（本来は比較すらできないにもかかわらず）「妄想」し、比較していることにすら気がつかずに自らを「留まることを知らない成功への渇望」へと掻き立て、それにより一定の「成功」を得られてもさらなる「渇き」を覚え、自らを「More, More（もっと、もっと）」とさらに掻き立てる有り様で、まさに資本主義に忠実でありながら、その終わることのない、留まることを知らない、「ただひたすらに資本主義に飲み込まれている」という姿そのものでした。

　そして、その「留まることを知らない成功への渇望」と「渇き」は、それをエネルギーにするかのように私に資産（化）家期における「資産形成」を手にさせましたが、と同時に、「この果てしない渇きと、急き立てるような焦燥感はいつまで続くのだろうか……」そして、「何のために、私はお金を手に入れることを求めているのだろうか……」と、自らの無意識から発せられる問いかけのよ

うな感覚を時折私に感じさせました。

　しかし、当時の私は、そのような無意識から発せられる問いかけをかき消すかのように、さらなる「留まることを知らない成功への渇望」と「渇き」により、「成功」なる漠然とした曖昧なものを追い続け、その結果、「資産から益を得る良循環」という「経済的成立」を手にすることができました。

　ところが、そんな私に訪れたのは、何をしても、何を得ても、何を見ても、何に対しても「喜び」や「感動」や「幸せ」を感じられないという、「日々の輝きが見えなくなり、人生から色が無くなったかのような虚無感を感じる毎日」でした。

　そのような経験から、私は、ある時に気がつきました。

　私は「資本主義のルールに則り、成功者（資本主義の勝者）になる！」ことを求めていたのではなかったことを……。

　そして、資本主義のルールに則り、「経済的成立」を果たして、成功者（資本主義の勝者）に見えるようになったとしても、それだけでは、終わることのない、留まることを知らない、「ただひたすらに資本主義に飲み込まれている」のにすぎないのであって、決して幸せではな

いことを……。

　その後、そのことに気がついた私は（というよりも、「無意識から発せられる問いかけ」により、それに薄々気がついていたことを「受け入れた」という方が正直で正確な表現かと思います）、改めて、自らが求めているものがなんであるかを模索し続けました。「資本主義社会」という事実と現実の上に住み、その上で自らがどうありたいのかを……。

　そして、今、50歳を迎えた私が気づいている、この30年に及ぶ暗中模索と格闘の中で私が真に望んでいたもの、それは――

　　一度しかない「ありがたい人生」を生き尽くしたい。
　　大切な人と共に幸せに

でありました。そして、そのために、

資本主義社会のルールとゴールを知り、それを活用し尽くして資本主義における「経済的成立」と「資本主義における唯一で最終的なゴール」を築くことが、一度しかない「ありがたい人生」をこの資本主義の社会で、自分らしく築き、生き尽くすのに役に立つことが多い

ということを。

　その気づきと想いから、私は、資本主義のルールとゴールを知り、活用し尽くして、「経済的成立」と「資本主義における唯一で最終的なゴール」を築くことと合わせて、以下に示します、「自らが感じる幸せな人生」を構築するフレームワークを提唱しています。

　結びに変えて、皆様に、こちらもご紹介させていただきたいと思います。

「自らが感じる幸せな人生」を生き尽くすための
フレームワーク

　私たちは、「幸せ」を求めて生きています。

　そして、その「幸せ」とは、宗教的な意味合いから始まり、人が1万人いれば、1万通りの幸せの姿とあり方があり、その概念と定義は人それぞれに変わり、まさに「絶対的な幸せ」の定義は千差万別で、唯一「これである！」などと示すことはできません。

　しかしながら、「資本主義」という経済社会システムを採用する現在の日本という国において、「絶対的な幸せ」は千差万別ながら、「幸せ」について、今の時代に即したわかりやすいフレーム（モデル）によって「幸せ」を再整理し、自分にとっての「幸せ」を自ら再定義して、自

覚的に段階的かつ論理的にそこに向かって構築していくことは、**一度しかない限られた人生を生きる**上で意味のあることだと信じます。

　図16は、「**心の充実**」**が実感され、実現されるためには何が必要かを表したモデル図**である「幸せのピラミッド」です。「心の充実」には、「**体（健康）**」「**人間関係**」「**時間**」「**お金（経済）**」の独立した４つの要素が各々充実していることが大きく寄与していること、そして、その４つのバランスが自分なりに「**統合されている（調和されている）**」とき、それを「安心」や「安定」や「充実」や「満足感」を含む「満たされた感（Fullness）」と仮に定義し位置づけた場合、人は「心の充実」を感じ、そして、そこに「生きがい」となる、夢や希望や願いや想い、好きなこと、楽しいこと、大切なことなど、各人にとっての「人生における大切なこと」の実現に取り組めているとき、人は「幸せ」を「実感として感じる」と仮定し、それを実感できる時間を人生でどれだけ持てるかが、その人の「幸せの量」となると位置づけました。

　「幸せ」とは、元来、人それぞれが感じるものであり、千差万別で、有史以来、世界中の宗教や思想、そして、戦争の背景にも「絶対的な幸せ」をめぐる衝突があることからも、「絶対的な幸せ」の定義は簡単にできるものなどではありません。

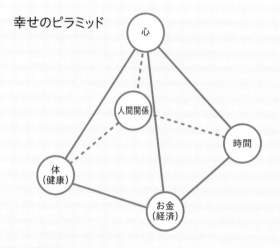

図16 幸せのピラミッド

「自らが感じる幸せな人生」を生きる土台となる4つの基本エレメントを認識し、「心の充実」が感じられるように、4つの基本エレメントのバランスを自覚的かつ段階的に構築し、調整し続けることだった!

　しかしながら、西暦2020年代の日本という国と社会に住み、そして、これからもそこに住み続ける者の一人として、同じ時代を同じ国に生き、自らの人生を日々切磋琢磨して構築されている方々と、「幸せ」についてのわかりやすい指針を共有することは、人々の役に立ち助けになることがあることも信じます。

　とりわけ、現在の日本に住む起業家の方をはじめオーナー経営者の方々に、ご自分のオーナーシップ経営と人

生の構築に役立てていただけるフレームワークをご教授させていただくことは、起業家やオーナー経営者の方がお持ちである影響力を考えれば大変に有意義かつ意味のあることから、オーナー経営者を対象とした講座を開講しています。

そこでは、具体的思考フレームとツールとして本書でも一部ご紹介しました、「世界一わかりやすいBS/PL」をはじめ、オーナー経営者のための「経営と資産マネジメント」「時間との向き合い方と使い方」「リーダーシップとマネジメント」「組織づくり」「問題解決」など、各種コンテンツと学びをご提供し、また「経済的成立」の獲得と「オーナー経営者としての資本主義のゴール」の実現のためのプライベートセッションも合わせてご案内しております。

先ほどご紹介しました「幸せのピラミッド」も、本書を通じて解き明かしてきました「経済的成立」の段階から、「オーナー経営者としての資本主義における唯一で最終的なゴール」に至る道筋も、先に申し上げましたように、宗教や思想のような唯一不変の「絶対的な幸せ」を約束し、定義するものではありません。日本の1000万人を超えるオーナーシップ経営に関わる方々をはじめとし、日本国に住む一人一人の方が日本という資本主義の社会で「自らが感じる幸せな人生」に近づいていただきたいとの願

いからの提案であり提唱です。私たちが生きているこの国、この社会は決して絶対的なものではなく、時代並びに技術革新や経済社会システムの変化、人口及び社会構造の変化、さらには、地球環境の劇的な変化や人類の進化や変化によって移りゆくものです。

その意味において、私は、その社会に特に影響を与え得る起業家やオーナー経営者の皆様に、時代に応じた「オーナーシップ経営」を手にしていくことと合わせて、時代と状況と環境により移りゆく「幸せ」の概念をも再定義し続けていく必要が、これからの時代、ますます求められると考えます。

その意味からも、起業家やオーナー経営者の皆様には、ぜひとも「成功」なる曖昧かつ漠然とした概念に対しての再認識と再定義をしていただきたいと思います。そして、資本主義にはルールがあり、そのルールに則り築いていく「経済的成立」にも段階があること、さらに、それを実現する一つの方法（経路）であり、かつ、皆様ご自身がなさっているオーナーシップ経営にも段階とベクトルと結論があり、その先には「唯一で最終的なゴール」があることをご理解いただきながら、時代に応じた自らが理想とする「オーナーシップ経営」と「幸せ」を実現していただきたいと切に願っています。

そのためには、それらを実現する確度と再現性の高い

具体的なマネジメント手法をはじめ、その実現に寄与する思考フレームをツールとして手にしていただく必要があると考え、それらの提案やご提供を今後も発信し続けるべく、私自身、常に時代に応じた「オーナーシップ経営」と「幸せ」を探求し研鑽を続けるとともに、それらを共に学び、実践、実現、承継していく仲間との「和と場」を以下にご用意しています。

　本書と、本書でご紹介しました動画が、皆様の「オーナーシップ経営」と「自らが感じる幸せな人生」という唯一無二の「素晴らしい人生」を生き尽くすことにわずかでも寄与いたしますこと、そして、いつの日か、皆様に直接お目にかかり、共に学び合い、共に研鑽できますことを、心から祈念して、筆を擱かせていただきます。
　ありがとうございました。

https://life-is-investment.jp/basic-course-guidance/

あとがき

　経営に「絶対の姿」はありません。

　「あなた」という唯一無二のオーナー経営者という要素
をはじめ、「その状況でのその判断」など、その「判断」
一つをとっても同じものは世界に二つとしてなく、そして、
その「判断の連続」こそが、経営の「真の姿」であります。
「どのような経営」「どのような会社」「どのような組織」
「どのような承継」……すべてあなた限りで、一身専属、
一回性の唯一無二のものになります。
　よって、その「判断の連続」を通して、あなたが望む「デ
ザイン」を描き、実現し続けることこそが「オーナーシッ
プ経営」でもあります。

　その上で「参考になる」「役に立つ」「活かすことがで
きる」、モデル（姿）、フレーム、考え方、スキーム、理論、
そして、先達の経営者などの活動や活躍の姿（いわゆる
ベンチマークやロールモデルといわれるものなど）があ
ります。
　特に、先達の経営者などの活動や言動をモデル（姿）

とする場合、それらは目指したり鵜呑みにしたりするのではなく、敬意を払いつつ**選択肢の一つ**と位置づけ、その選択肢における利害得失を可能な限り認識し、自覚して、その選択肢の取捨選択を自覚的に行い、「**あなた」の中の一部として含んでいく（統合していく）**のが、それらとの向き合い方と付き合い方の正しい姿になります。

　他方で、このように経営に絶対というものはない中でも、「外してはならない」「確度が上がる」「搭載すべき」「再現性、汎用性が高い」フレームや考え方があります。本書に書かせていただいたことはそれにあたり、経済的成立の段階的な成立と、それにより資産が築かれ、自らが望まれるオーナーシップ経営が実現され、自らが感じる幸せを得るには必須となる外せないものの一部であり、また土台となるものであります。

　本書は、私の30年を超えるオーナー経営者としての実務、さらに10年を超えるオーナー経営一族のゲートキーパー業及び伴走のパートナーシップの実務を重ねてきた経験、そして、「オーナーシップ経営」と「幸せに生きること」に関して、様々なジャンルを超え、過去の偉大な先人が記した数千冊の書籍から与えられた知的学びを、「新しい体系」としてまとめようと奮闘してきた、私の半生の集大成と言えるものです。

　そして、なぜ本書を上梓するに至ったのかと言えば、それは、14歳のある日、突然にして愛する父を失った（今思えば38歳という若さでした）体験から始まる私の半生が大きく影響しているかと考えます。

　14歳の当時、当然のように愛され守られ支えられ最大の影響を与えられるはずであった「父」という存在の「突然の死」という現実に、

「なぜ人は生まれ死んでいくのか？」

「生きる意味とは何か？」

「人（私）はどのように生きたらいいのか？」

「生きたとしても、このような壮絶な悲しみである『死別』が待っている人生とはなんなのか？」

　と、自問している自覚すらなく、「果てない自問」を発し続けることを求められることと同時に、その日から突如、「資本主義社会で自ら生きていくことを、何の準備もなく求められる」という現実が始まり、そのような、先も目の前も、そして、自分自身すら見えない暗闇の道を生き抜いていくほかなかった私は、20歳になるとほぼ同時に、「起業」という方法で道を切り拓くことを選び、そこから始まる暗中模索と格闘の中で、答えを求め、師を求め続けたことがありました。

　以下に29歳の当時、私が記したある手紙を引用させていただきます。

155

私は、現在、これからこの先50年〜60年はある「人生」という時間を見据えて、この先10年をどのように構築していくか、どのようなライフストーリーを描いていくか、の岐路にたっている実感を持っています。私は、その岐路を前に、それにあせらず、確実な情報を確実に収集し、己の持つ欲求と願望を知り、自覚的に選択していきたく思っています。その中で、自分が選んだ人生の一つに「資産運用」と「企業経営」なる営みがあり、それにより、

　①資産を蓄積し続ける

　②それを管理・保全していく

　ことが、現在の私が見えている抽象的な方向です。

（中略）

　私は、今まで経営について「メンター」というものをもったことがなく、ほとんどが、文献、書物を読み、日常の試行錯誤の中から学ばせて頂きました。そして、わかったことは、「経営者はどんなに自分を客観視しようとも、その価値観、スタイルは自己の経験の上に立脚し、ゆえに他の者に推奨する（推奨しないも含む）『その何か』の背後には必ず当人独自の経験、あるいはその時代独特の特性が含まれている」というものでした。これは、教育活動といわれる行為の背後に必ず存在します。

　それを知ったとき、教わる側も、伝える側も、共にそ

のことに自覚的であることが望ましく、自覚的であるが
ゆえに教わるほうに「何らかの効果あるもの」として選
択され、継承されるということもわかりました。

　経営を営む者は、前世代を踏襲（踏襲しないことも含
む）しつつ、ものには栄枯盛衰があることを知り、その
中で自分が、今そのどこにいるのかを見極めることが肝
要です。進むのか、退くのかその見極めです。

　そしてまた、企業経営に何を求めるのか…経済合理性
の追求か？　理念・理想の実現か？

　社会への貢献か？　次代の創造か？　従業員の幸せか？
株主への責任か？　またそのバランスか？　といった問い
に向き合い続け、答えを出し続けることが求められます。
（本郷孔洋『営業利益2割の経営』日本経営合理化協会出版局、
2006年より）

　本書は、現在50歳という年齢を迎えた私からの、当時
29歳だった私への一つの回答でもあります。

　本書を、プロフェッショナルとしては道半ばで精進の
過程にあり、一個人としては未熟で未完成の凸と凹だら
けの至らぬ人間である私を、今日まで信頼し、用い、託
してくださっている私のお客様と、そのお客様に尽くさ

せていただくに際して私を支え、力を貸してくださり続けている関係者各位へ、報恩感謝の念とともに捧げます。

　また、道半ばの者で、至らぬ私にもかかわらず、そのような私に対して、先達としての過分な敬意を賜り、仰いでくださる後進やFlabo受講生や信和塾生への「感謝」の証と、これからも精進を続け、共に研鑽していくことへの決意の表明として贈りたいと思います。

　ここに記されているすべては、私に「幸せを感じること」を回復させ与え続けてくれている妻からの愛と支えがあって言葉にすることができました。妻に心からの感謝を捧げます。そして、私に父としての喜びと幸せを感じさせ続けてくれている娘には、これからの人生を自ら切り拓き、自らの手で「幸せを感じるもの」としていくにあたってのガイドマップとなることを祈念して記しました。

　本書を手に取ってくださった読者の皆様に尽くさせていただきたいという一点の想いと合わせて、誠に僭越ながら、最愛の娘を想い、その娘に「誇りを持って贈れる書」とすべく、今の私のできる限りを尽くして本書を執筆いたしました。

　ここに至るまでに、師事を仰いだ恩師からの恩情と薫陶、私淑させていただいた数多くの先人や先達にはじまり、支えてくださった方、ご迷惑をおかけした方、失敗を許

し再度チャンスをくださった方、そして、わかりあえな
かった方や袂を分かった方を含めた、すべての方との出
会いと関わりがあって、この本は生まれ、そして私自身、
ここまで成長できました。

　すべての出会いと出来事に心からの感謝を申し上げま
す。

　この先も、未だ道半ばの者ですが、精進を重ねて参り
ます。

　ありがとうございました。

2024年5月

福井尚和

謝辞

　この書籍が生まれるにあたって、多くのご支援とお力添えをいただいた5人のプロフェッショナルに心からの感謝を述べさせていただきたいと思います。

　最初に、経営の父といわれるピーター・F・ドラッカー塾を牽引され、多くの経営者勉強会を主宰され、数えきれない経済書、経営書を出版されてきたダイヤモンド社の今給黎健一さんに感謝を申し上げます。

　今給黎さんの「福井さんは面白いね～」「なかなか会わない仕事と人種だね～」の柔らかい笑顔と温かい声で、私と私の文章を面白がり評価してくださるありがたいご姿勢と数々の言葉があって著者としての私が生まれました。

　編集統括の花岡則夫さん。花岡さんの「ダイヤモンド・クウォリティー」への熱く強いこだわりと誇り。そして、今までの大量の経験と高い知見に基づく大所高所からの助言と励ましの言葉。そしてなにより、「福井さんが納

得のいくまで推敲をやってください！」の熱く温かな後押しがあって本書を書ききることができました。

　編集者である寺田文一さん。寺田さんの静かでありながら温かな眼差しで新米著者の私を見続けてくださる姿と、他方で、文章に対してはプロとしての冷静かつ的確な目線で「これで行きましょう！」との助言や示唆があって、迷うことなく書き尽くすことができました。

　藤間誠二さん。あなたの「多くの人に福井先生のお話を伝えたい」「福井先生を知ってほしい」の、熱のこもったありがたい言葉から、私のサイトは立ちあがり、私の講座や講義資料を本書として編む私の試みは始まりました。

　そして、結びに。

　大西寿男先生。
　約１年にわたり、文章の推敲を繰り返す私でありましたが、私の推敲と校正にお付き合いをくださった大西寿男先生。大西先生のその姿は、ご自身の著書に記されている「積極的受け身」そのもので、年末年始すら返上して私に寄り添ってくださいました大西先生との出会いと、

大西先生からの助言と支援とお力添えと伴走があって、私の言葉は、肉体を持ち、身に衣を纏い、書籍としての船出ができました。

　5人のプロフェッショナルが、私の言葉を書籍として世に送り出してくださいました。
　本当にありがとうございました。

ら

1-10

図版

動画とサイト

無料動画
　人生は投資である：ダイジェスト版……45
　https://life-is-investment.jp/basic-course-digest/

　世界一わかりやすいBS/PL：ダイジェスト版……107
　https://life-is-investment.jp/basic-course-bspl-digest/

公式サイト
　人生は投資である：起業家・オーナー経営者向け基礎講座……152
　https://life-is-investment.jp/basic-course-guidance/

［著者］

福井尚和（Yoshitaka Fukui）

1972年東京生まれ。
株式会社PAP Founder
日本心理コミュニケーション教育社団代表理事
F Laboratory 主宰
信和塾主宰
未来医療研究会共同主宰
国内外のエスタブリッシュメントファミリー（創業・資産家一族）を顧客に持ち、プロのゲートキーパーとして「ファミリーオフィスサービス」を展開している。
近年は、資産マネジメントサービスに加えて、企業価値向上を実現するハンズオン型の経営支援に始まり、「オーナー一族の企業価値及び資産価値の向上」を戦略的総合的に行う支援を行っている。
起業（家）から資産化（家）までの道のりを、明瞭に、ロジカルに、再現性の高い方法で教授する勉強会を主宰し、企業の規模や業種、業態にかかわらず数多くのオーナーシップを持つ経営者が師事を仰ぎに集まっている。

人生は投資である
──起業家・経営者そして資本主義社会を生きるすべての人々へ

2024年5月7日　第1刷発行

著　者────── 福井尚和
発行所────── ダイヤモンド社
　　　　　　　　〒150-8409　東京都渋谷区神宮前6-12-17
　　　　　　　　https://www.diamond.co.jp/
　　　　　　　　電話／03·5778·7235（編集）　03·5778·7240（販売）

装丁────────── 安食正之（北路社）
本文デザイン・DTP── 北路社
製作進行────── ダイヤモンド・グラフィック社
編集協力────── 大西寿男（ぽっと舎）
印刷────────── 新藤慶昌堂
製本────────── ブックアート
編集担当────── 花岡則夫、寺田文一